CODE DU CYCLE

IMPRIMÉ

Sur les presses de NOEL TEXIER,

A LA ROCHELLE.

CODE

DU

CYCLE

PAR

Marcel COULON

Avocat a la cour d'appel de Paris

PARIS

A. PEDONE, Editeur

LIBRAIRE DE LA COUR D'APPEL ET DE L'ORDRE DES AVOCATS

13, RUE SOUFFLOT, 13

PRINCIPALES ABRÉVIATIONS

Cass. civ.	Cassation, chambre civile.
Cass. crim.	id. chambre criminelle.
Cass. req.	id. chambre des requêtes.
D. P. (1)	*Recueil périodique* de Dalloz.
Gaz. Pal.	Recueil de la *Gazette du Palais*.
Gaz. Pal. du...	*Gazette du Palais*, journal quotidien.
Gaz. Trib.	*Gazette des Tribunaux.*
Journ. arr. Bordeaux.	*Recueil des arrêts de la cour de Bordeaux.*
Jusrispr. Nantes.	*Recueil de la jurisprudence commerciale et maritime* de Nantes.
Mon. jug. paix.	*Moniteur des juges de paix.*
Mon. jug. Lyon.	*Moniteur judiciaire* de Lyon.
Pand. franç. pér.	*Recueil périodique des Pandectes. françaises.*
Pand. franç. v°...	*Répertoire des Pandectes françaises, verbo...*
Rec. arr. Nancy.	*Recueil des arrêts de la cour de Nancy.*
Rev. Alg.	*Revue Algérienne.*
S	*Recueil périodique* de Sirey.
Trib. civ.	Jugement du tribunal civil.
Trib. com.	— du tribunal de commerce.
Trib. corr.	— du tribunal correctionnel.
Trib. pol.	— du tribunal de simple police.

(1) *D. P.* (ou *Gaz. Pal.;* ou *Pand. franç. pér.;* ou *S.*) 92. 1. 347, veut dire Dalloz (ou... etc.) année 1892, 1re partie, page 347.

TABLE DES MATIERES

Préface 9

Chapitre Ier. — *Obligations et responsabilité du vélocipédiste* 11

Section Ire. — Qui peut être vélocipédiste . . 11

Section II. — Obligations du vélocipédiste . . 15

Section III. — Responsabilité du vélocipédiste. 47

Chapitre II. — *Responsabilité des représentants légaux du vélocipédiste* 58

Chapitre III. — *Responsabilité des tiers* 71

Section Ire. — Marchands et loueurs 71

Section II. — Dépositaires 88

Section III. — Passants sur la voie publique . 93

Chapitre IV. — *Transport des vélocipèdes* 119

Chapitre V. — *Protection du commerce vélocipédique*. 134

Chapitre VI. — *Compétence* 144

Table des décisions 152

Index alphabétique 155

Nous examinons dans cet ouvrage les problèmes juridiques auxquels l'usage du vélocipède a donné naissance et qui se présentent chaque jour plus fréquemment devant les tribunaux. Il n'est guère aujourd'hui de personnes que ces problèmes doivent laisser indifférentes ; les vélocipédistes, amateurs ou professionnels, les fabricants, marchands ou loueurs de cycles, les directeurs de vélodromes, ceux pour qui la vélocipédie est un sport, aussi bien que ceux qui en font l'objet d'une industrie ou d'un commerce sont directement intéressés à leur solution. Faut-il y ajouter les simples passants sur la voie publique, à la merci d'un cycliste inexpérimenté ou maladroit, les hôteliers et aubergistes qui peuvent avoir à répondre de la perte d'une machine à eux confiée, les voituriers, les compagnies de transport ?

Les principes qui règlent les rapports de ces différents individus, soit entre eux, soit vis-à-vis des tiers, sont ceux du droit commun, sauf sur quelques questions d'ordre administratif. L'art. 1382 du Code civil donne la mesure de leur responsabilité, en cas d'accidents. La vente, le louage, le prêt, le dépôt des vélocipèdes sont régis par les mêmes dispositions que la vente, le louage, le prêt, le dépôt des autres meubles. Il en est de même en matière de transport et en ce qui concerne la compétence. Mais l'application des principes du droit commun à des contrats portant sur des objets dont le législateur n'a prévu ni la forme, ni le caractère n'est pas chose facile et laisse le champ libre à l'appréciation des magistrats. Ce n'est donc pas dans un ouvrage de théorie pure qu'on peut connaître les rapports de la vélocipédie et du droit. C'est moins dans l'étude des dispositions législatives que dans celle des décisions administratives et judiciaires qui ont statué sur des questions de cyclisme que les vélocipédistes peuvent s'instruire de l'étendue de leurs droits et de leurs obligations et en connaître la sanction. Cet ouvrage dont l'intérêt est exclusivement pratique a pour but de leur présenter la jurisprudence de nos cours et de nos tribunaux. Nous l'avons réunie, nous l'avons fait rentrer dans un petit nombre de chapitres, nous en avons fait le commentaire et dégagé les conséquences. Nous donnons le texte des décisions les plus importantes ; pour les autres nous en indiquons autant que possible la source dans les différents recueils de jurisprudence qui les ont rapportées.

Le nombre et la variété des questions que nous avions à étudier rendaient assez difficile le classement, et partant la recherche de certaines d'entre elles dans un ouvrage succinct. Un index alphabétique très développé remédie à cet inconvénient en permettant au lecteur de trouver facilement le point particulier qui l'intéresse.

CHAPITRE PREMIER

Obligations et responsabilité du vélocipédiste.

Section Ire. — *Qui peut être vélocipédiste.*

1. — Tout individu ayant les moyens d'acheter ou de louer un vélocipède peut se livrer au sport vélocipédique. Aucune loi n'en soumet l'exercice à des conditions particulières, et il n'est un privilège pour personne. C'est une conséquence de la liberté personnelle et du droit de libre circulation qui appartiennent à tous, sans distinction de nationalité, d'âge, de sexe, de situation sociale ou de famille.

Le droit commun impose cependant à certaines personnes, qui se trouvent sous l'autorité d'un tiers, l'obligation d'obtenir son autorisation pour se promener en vélocipède. Nous voulons parler des mineurs non émancipés et des femmes mariées.

2. *Enfants mineurs.* — Pour eux la difficulté n'est pas possible. Le père ou la mère, investis de la puissance paternelle, le tuteur ont incontestablement le droit d'interdire au mineur dont ils ont la direction l'usage du cycle et à plus forte raison de ne le lui accorder que sous certaines conditions. Ce droit est tellement évident, il résulte si clairement des

art. 372 et 450 du Code civil que nous ne nous attarderons pas à le démontrer.

Le père, la mère ou le tuteur agiront même sagement en défendant à leur enfant ou pupille de sortir en vélocipède, s'ils ont des raisons de craindre son imprudence, parce que, ainsi qu'on le verra, ils sont souvent responsables des accidents causés par le mineur. (1)

3. *Femmes mariées.* — Faut-il reconnaître au mari un pouvoir analogue vis-à-vis de sa femme ? La puissance maritale lui donne-t-elle le droit d'interdire à sa femme l'usage du vélocipède ? Bien que la question puisse paraître plus délicate que la précédente, nous n'hésitons pas à répondre affirmativement. Certes, ce n'est pas un excès de précaution qui justifiera toujours une interdiction pareille : les qualités qu'exige la conduite d'une bicyclette ne sont pas précisément étrangères au sexe faible. Mais le mari peut trouver que le sport vélocipédique n'est pas convenable ; d'autres raisons d'ordre moral pourront motiver sa rigueur. Il montrera, en agissant ainsi, sa défiance vis-à-vis de sa femme, il fera preuve, peut-être, d'une incontestable étroitesse d'esprit, mais la question n'est pas là, il a la direction

(1) Si l'enfant prétend faire de la bicyclette, non plus un simple sport, mais un véritable métier, s'il veut courir dans les vélodromes, l'autorisation paternelle lui sera encore plus nécessaire. Et le directeur de vélodrome qui laisserait un mineur non autorisé, prendre part à des courses, pourrait être poursuivi, en cas d'accident, par les parents de ce mineur.

morale de sa compagne, celle-ci doit obéissance à son mari (art. 213, C. civ.) et la mesure prise sera fondée en droit.

4. — Tout au plus, pourrait-on se demander si la femme n'aurait pas le droit de voir, dans le refus injustifié de son mari, une mesure blessante, une injure grave, pouvant motiver une demande en divorce ou en séparation de corps? Nous ne le pensons pas. Lorsque le sport vélocipédique sera érigé en institution sociale d'un besoin impérieux, cette question pourra être sérieusement discutée dans nos prétoires; mais, en attendant, la demande en divorce ou en séparation de corps, basée sur un pareil refus du mari, aura peu de chance d'être accueillie par les magistrats. (1)

5. — Le plus souvent le mari n'opposera aucune objection au désir de sa femme de se promener en vélocipède. Est-ce à dire, toutefois, que cette autorisation tacite du mari emportera, pour la femme, la pleine capacité de s'obliger relativement au sport auquel elle se livre? Spécialement, une femme mariée aura-t-elle la capacité d'acheter valablement une bicyclette sans l'autorisation de son mari? Nous ne le croyons pas: l'autorisation du mari sera nécessaire, en vertu de l'article 217 du Code civil, qui rend la femme incapable d'acquérir à titre gratuit ou onéreux sans le concours du mari dans l'acte, ou son consentement par écrit.

---

(1) V. *Pandectes françaises*, v° *Divorce*, n° 379.

6. — La même solution doit être suivie si la femme a acheté une bicyclette non pas pour son usage personnel, mais pour celui d'un enfant commun. La question s'est présentée dernièrement devant les tribunaux et avec cette circonstance spéciale que l'achat avait eu lieu pendant l'absence du mari, ce qui pouvait permettre de soutenir que la femme avait fait une dépense de ménage. Néanmoins, le juge de paix de Sceaux n'a pas hésité à annuler cet achat, à la demande des époux intéressés. (1) Voici les principaux motifs de sa sentence :

« Attendu que si la femme peut être considérée comme ayant reçu mandat tacite de son mari en ce qui concerne le soin de pourvoir la famille des choses nécessaires à la vie matérielle, telles que : aliments, vêtements et objets mobiliers d'un usage constant, il n'en est plus de même lorsque la nature des fournitures est, comme dans l'espèce, purement somptuaire ;

» Attendu qu'il est de toute évidence que l'acquisition d'un vélocipède ne saurait, à aucun titre, rentrer dans les dépenses courantes du ménage permises à l'épouse, ou à raison desquelles la nécessité et les besoins des conjoints autorisent le juge à tenir la femme comme pouvant s'engager elle-même, et même obliger le mari, selon les cas ;

» Attendu qu'il importe peu que la bicyclette ait été achetée par la défenderesse pour l'enfant commun ; car il serait, sans contredit, abusif, quelle que soit la faveur dont jouisse aujourd'hui le sport vélocipédique, de considérer un tel achat comme une dépense d'éducation nécessaire, valable contre le mari et les biens de la communauté ;

» Attendu qu'il résulte à suffire des déductions qui pré-

---

(1) 28 août 1896, *La Loi* des 2-3 septembre 1896.

cèdent que les mariés C..... doivent être admis à invoquer les prescriptions rigoureuses des articles 215 et 217 du C. civ., aux termes desquels la femme ne peut, en son nom personnel, et pour ses propres affaires, ni ester en justice, ni faire, en général, des actes juridiques sans l'autorisation de son mari ;

» Attendu que ces prescriptions ont pour but de sanctionner, pour tous les actes de la vie civile, le devoir d'obéissance imposé à la femme, et de garantir son patrimoine, en tant qu'il est destiné à subvenir aux besoins du ménage et à assurer l'avenir de la famille ; qu'elles sont donc, à ce double point de vue, d'ordre public. »

SECTION II. — *Obligations du vélocipédiste.*

7. — Le vélocipédiste est tenu, comme tel, à un certain nombre d'obligations dont l'inaccomplissement engage lourdement sa responsabilité. En dehors des obligations particulières qui lui incombent, et que nous allons étudier, il reste soumis, il est à peine besoin de le dire, à toutes les règles du droit commun ; nous ne parlerons de ces dernières qu'autant que leur mise en œuvre sera le résultat de l'exercice de la vélocipédie.

8. — Les diverses obligations particulières qui pèsent sur le vélocipédiste peuvent être groupées sous deux chefs principaux : l'un comprend la déclaration de la possession d'un vélocipède en vue du paiement de la taxe vélocipédique et l'acquittement de cette taxe ; l'autre, toutes les obligations de police qui se rattachent à la circulation des vélocipèdes.

9. — 1° *Taxe vélocipédique.* (1) — Cette taxe a été établie par la loi de finances du 28 avril 1893 (art. 10 à 18). Elle a commencé à être perçue à partir du 1er juin 1893. Elle frappe, en principe, tout vélocipède et « appareil analogue », c'est-à-dire tout véhicule ayant une ressemblance quelconque avec les vélocipèdes proprement dits. Toutefois, sont affranchis de la taxe : 1° Les vélocipèdes possédés par les marchands et exclusivement destinés à la vente ; 2° ceux qui sont possédés en conformité de règlements militaires ou administratifs. Mais ne bénéficient pas de ces exceptions les vélocipèdes possédés par les loueurs et destinés à la location ; la loi est formelle à cet égard (art. 10).

10. — Cette taxe est annuelle et son montant est de 10 fr. 80 cent. : à savoir, 10 francs de principal (art. 10) (2), plus 3 cent. par franc pour fonds de

(1) Cette taxe a produit, en 1896, 2,463,000 francs.

(2) Au cours de la discussion du budget de 1897, MM. Léon Bourgeois, Georges Berry et autres députés déposèrent un amendement tendant à réduire la taxe à 6 fr. pour les machines à une place et à la porter à 11 francs pour les machines à deux places et 16 fr. pour les machines à trois places et au-dessus, y compris la taxe de perception. Voici en quels termes M. Georges Berry a justifié, au cours de la séance de la Chambre des députés du 15 février 1897, cet amendement : « S'il ne s'agissait que des vélocipèdes considérés comme instruments de sport, je n'insisterais pas. Mais la bicyclette sert aujourd'hui au commerçant, à l'industriel et à l'ouvrier. Je ne m'élèverai même pas contre la taxe de 10 fr. payée par les machines employées pour le service des magasins et des ateliers ; mais vous savez que depuis quelques années les employés des villes tendent de plus en plus à aller se loger à la campagne, d'où ils peuvent,

non-valeurs et 3 cent. par franc pour frais de per-

---

chaque matin, grâce à la bicyclette, venir à leur travail sans bourse délier. De même, dans les communes rurales, les ouvriers qui souvent sont obligés d'aller chercher de l'ouvrage au loin, peuvent, grâce à leur machine, rentrer chez eux tous les soirs, au lieu de rester absents des semaines entières. Croyez-vous que l'impôt actuel n'est pas excessif avec le peu d'élévation des salaires, trouvez-vous juste qu'une bicyclette d'occasion, qui, à la campagne, peut se vendre 20 à 25 fr., supporte un impôt annuel de 11 fr.? C'est là un impôt antidémocratique.

Je pourrais aller plus loin. Est-ce que vous faites payer les instruments de gymnastique, les trapèzes, les anneaux ? Et est-ce que la bicyclette est autre chose qu'un instrument de gymnastique ? Je veux bien qu'elle paye quelque chose, mais contentez-vous de l'assimiler aux voitures à deux roues, qui ne payent qu'une taxe de 5 fr.

L'industrie de la construction des vélocipèdes a fait de grands progrès ; on construit couramment des machines à deux, trois, quatre places (j'en ai même vu à huit places) ; eh bien, faites payer davantage les vélocipèdes qui auront plusieurs places. Vous obtiendrez ainsi une compensation. Je me préoccupe, comme la commission du budget, de la situation qui peut être faite au budget par une diminution possible des recettes. C'est pourquoi nous vous demandons d'augmenter l'impôt qui frappe les machines à plusieurs places.

Je dois dire aussi que, si la perception était mieux faite, le Trésor toucherait davantage Personnellement, je connais des quantités de bicyclistes qui ne payent pas l'impôt, surtout dans les villes. Pourquoi ? Parce que votre personnel n'est pas suffisant pour rechercher ceux qui ne payent pas.

En Belgique, on impose à chaque bicyclette un numéro et une plaque. Pourquoi n'adopteriez-vous pas aussi ce système ?

Vous avez déjà diminué l'impôt pour les facteurs, les gendarmes. Je trouve que les employés et les ouvriers sont aussi intéressants qu'eux. »

Sur l'opposition du rapporteur général du budget et du gouvernement, la Chambre repoussa l'amendement à la majorité de 277 voix contre 234, sur 531 votants. Repris peu de temps ception (art. 16). (1) En outre, il est délivré des avertissements à raison de 5 cent. par article (art. 16).

11. — Elle est due pour l'année entière, à raison des faits existant au 1er janvier. Quant aux personnes qui, dans le courant de l'année, deviennent possesseurs de vélocipèdes imposables, elles doivent la taxe à partir du mois dans lequel le fait s'est produit et sans qu'il y ait lieu de tenir compte des taxes imposées au nom des précédents possesseurs (art. 11, § 1 et 2). Ainsi, une personne qui possède une bicyclette et a déjà acquitté la taxe annuelle, vend sa machine à une autre personne dans le courant du mois de janvier. La taxe payée par le vendeur est définitivement acquise par le Trésor et l'acquéreur ne peut en profiter ; il devra, à son tour, acquitter une nouvelle taxe pour l'année entière.

12. — En principe, la taxe doit être acquittée par le possesseur du vélocipède imposable. Mais si le possesseur est une personne ne jouissant pas, au sens de la loi du 21 avril 1832, de ses droits, — par exemple, s'il s'agit d'une femme mariée et non séparée de son mari, ou d'un enfant, majeur ou mineur, habitant avec ses parents, tuteur ou cura-

---

après au Sénat par MM. Le Provost de Launay et Delpech, il a été repoussé également, mais à une assez faible majorité. Il est permis de croire que les cyclistes ne tarderont pas à avoir gain de cause.

(1) On a dit à la Chambre des députés, au cours de la discussion du budget de 1897, qu'en 1896 les non-valeurs ont donné 120,000 francs, tandis que l'Etat n'a eu à supporter ainsi pour les non-valeurs que 60,000 fr.

teur et n'ayant pas de moyens suffisants d'existence, — la taxe est imposée au nom des père, mère, tuteur ou curateur de cette personne et recouvrée sur eux (art. 17).

13. — Le produit de la taxe n'est pas entièrement au profit du Trésor; un quart en est attribué aux communes, déduction faite des cotes ou portions de cotes allouées en dégrèvement (art. 15).

14. — La taxe est due dans la commune où les machines imposables séjournent le plus habituellement. Le contribuable doit déclarer son vélocipède à la mairie de la dite commune. Cette déclaration doit avoir lieu une fois pour toutes au plus tard le 31 janvier, et. au cas d'acquisition dans le courant de l'année, dans les trente jours de la date des faits qui motivent l'imposition. Elle doit être modifiée en cas de changement, soit dans les bases de la taxe, soit dans le lieu de son imposition, dans le courant du mois de janvier de chaque année (art. 12).

La sanction de ces dispositions, pour le cas de défaut de déclaration ou même d'une déclaration tardive, est la perception d'une double taxe (art. 13).

15. — Les rôles de la taxe sont établis et recouvrés et les réclamations sont présentées, instruites et jugées comme en matière de contributions directes (art. 16, al. 2). On applique aussi à cette taxe les dispositions de l'art. 11, §§ 4 et 5, de la loi du 2 juillet 1862, touchant la formation des états-matrices de la contribution sur les voitures et les chevaux (art. 14).

16. — 2° *Circulation vélocipédique.* — Jusqu'à une époque récente, les mesures de police que nécessite la circulation des vélocipèdes n'étaient pas établies partout de la même manière. Le vélocipédiste était astreint à des obligations différentes suivant les communes et les départements qu'il habitait ou qu'il traversait. Aujourd'hui, une certaine uniformité existe, grâce à une circulaire du Ministre des Travaux publics du 22 février 1896, adressée aux préfets de tous les départements, à la suite de laquelle a été pris, par chaque préfet, un arrêté conforme au modèle joint à ladite circulaire.

Cette circulaire et le modèle d'arrêté préfectoral sont assez importants pour que nous croyons utile de donner leur texte complet :

CIRCULAIRE MINISTÉRIELLE DU 22 FÉVRIER 1896.

Monsieur le Préfet,

La circulation des vélocipèdes, tant qu'elle a été restreinte, a pu sans inconvénient ne pas faire l'objet d'une réglementation uniforme applicable à tout le territoire; mais elle prend de plus en plus d'extension, et elle a été l'objet, dans presque tous les départements, d'arrêtés municipaux et préfectoraux dont les dispositions, souvent divergentes, ne peuvent être connues des vélocipédistes qui circulent à de grandes distances. L'Administration a pensé que le moment était venu de rechercher quelles mesures générales doivent être adoptées, d'une part, au point de vue de la sécurité des piétons et des voitures, et, d'autre part, pour protéger les vélocipédistes contre la mauvaise volonté des voituriers.

Pour résoudre ces questions, les Ministres de l'Intérieur

et des Travaux publics ont institué une commission présidée par un conseiller d'État et composée de délégués des deux Ministères.

Après avoir pris connaissance de tous les arrêtés préfectoraux et municipaux intervenus jusqu'à ce jour sur la matière et avoir recueilli les observations des principales sociétés vélocipédiques, nous avons, sur l'avis de la commission, dressé un modèle d'arrêté préfectoral, applicable à tous les départements. Vous en trouverez le texte annexé à la présente circulaire.

Les prescriptions contenues dans le modèle d'arrêté ne nécessitent pas d'explications spéciales. En effet, elles font connaître d'une manière précise les appareils dont les vélocipédistes doivent être munis, spécifient les conditions de marche à observer dans certaines circonstances, ainsi que la direction à prendre pour croiser ou dépasser les voitures, chevaux, vélocipèdes ou piétons; elles rappellent enfin qu'en principe, la circulation des vélocipèdes demeure interdite sur les trottoirs et contre-allées réservées aux piétons.

A cet égard, vous ne perdrez pas de vue que la règle générale ainsi posée comporte deux exceptions. D'abord, les cyclistes sont admis d'une façon permanente à emprunter, en dehors des agglomérations, les trottoirs et contre-allées bordant des voies pavées où la marche de leurs appareils est difficile et périlleuse. En second lieu, ils jouiront de la même faveur, à titre temporaire, lorsque la chaussée des routes ou chemins empierrés sera l'objet de travaux de réfection.

En déterminant les obligations réciproques des piétons, des cavaliers, des voituriers, des vélocipédistes, les dispositions adoptées auront pour effet de diminuer le nombre et la gravité des accidents qui se produisent; elles supprimeront en outre, par suite de leur uniformité, l'inconvénient pour les vélocipédistes effectuant de longs voyages, d'être soumis, en passant d'un département dans un autre, à une réglementation différente.

Vous voudrez bien, Monsieur le Préfet, prendre un arrêté conforme au modèle ci-joint; cet arrêté portera la date du 29 février 1896; il sera publié et affiché en la forme ordinaire et inséré au recueil des actes administratifs de votre Préfecture.

Recevez...

Modèle d'arrêté préfectoral.

Nous, Préfet du département d...

Vu la loi des 22 décembre 1789-8 janvier 1790;

Vu la loi du 21 mai 1836, art. 9;

Vu la loi du 5 avril 1884, art. 97 et suivants;

Arrêtons :

Article premier. — La circulation des vélocipèdes sur toutes les voies publiques, nationales, départementales et communales, est soumise aux règles ci-après énumérées.

Art. 2. — Tout vélocipède doit être muni d'un appareil sonore avertisseur dont le son puisse être entendu à 50 mètres.

Dès la chute du jour, il doit être pourvu, à l'avant, d'une lanterne allumée.

Art. 3. — Tout vélocipède doit porter une plaque indiquant le nom et le domicile du propriétaire, ainsi qu'un numéro d'ordre, si le propriétaire est loueur de vélocipèdes.

Art. 4. — Les vélocipédistes doivent prendre une allure modérée dans la traversée des agglomérations, ainsi qu'aux croisements et aux tournants des voies publiques.

Ils ne peuvent former de groupes dans les rues.

Il leur est défendu de couper les cortèges et les troupes en marche.

En cas d'embarras, les bicyclistes sont tenus de mettre pied à terre et de conduire leurs machines à la main.

Art. 5. — Les vélocipédistes doivent prendre leur droite,

lorsqu'ils croisent des voitures, des chevaux ou des vélocipèdes, et prendre leur gauche lorsqu'ils veulent les dépasser; dans ce dernier cas, ils sont tenus d'avertir le conducteur ou le cavalier au moyen de leur appareil sonore et de modérer leur allure.

Les conducteurs de voitures et les cavaliers devront se ranger à leur droite à l'approche d'un vélocipède, de manière à lui laisser un espace utilisable d'au moins 1m 50 de largeur.

Art. 6. — La circulation des vélocipèdes est interdite sur les trottoirs et contre-allées affectés aux piétons.

Cette interdiction ne s'étend pas aux machines conduites à la main.

Toutefois, en dehors des villes et agglomérations, la circulation des vélocipèdes pourra s'exercer sur les trottoirs et contre-allées affectés aux piétons, le long des routes et chemins pavés ou en état de réfection.

Sur tous les trottoirs et contre-allées affectés aux piétons, où la circulation des vélocipèdes est autorisée, ceux-ci sont tenus de prendre une allure modérée à la rencontre des piétons et de réduire leur vitesse à celle d'un homme au pas, au droit des habitations isolées.

Art. 7. — La circulation des vélocipèdes peut être interdite par des arrêtés municipaux, temporairement ou d'une façon permanente, sur tout ou partie d'une voie publique.

A chacune des extrémités des espaces interdits, des écriteaux placés et entretenus par la commune donnent avis de l'interdiction.

Art. 8. — Sont rapportés tous les arrêtés préfectoraux ou municipaux pris antérieurement pour réglementer la circulation des vélocipèdes dans les diverses communes du département.

Art. 9. — Les contraventions au présent arrêté seront constatées par des procès-verbaux et déférées aux tribunaux compétents.

Art. 10. — Les sous-préfets, maires, officiers de gendarmerie, ingénieurs et agents des ponts et chaussées, les agents-voyers, les commissaires de police, les garde-champêtres et tous officiers de police judiciaire sont chargés de veiller à l'exécution du présent arrêté qui sera inséré au recueil des actes administratifs, affiché et publié dans toutes les communes du département.

Fait à..., le 29 février 1896.

Le Préfet de...

17. — C'est donc depuis le 29 février 1896 que la circulation vélocipédique se trouve réglementée dans chaque département, conformément à la circulaire ministérielle précitée. D'ailleurs, en dehors de ces dispositions, les préfets, sous-préfets et maires, dans leur ressort, et en vertu de leur droit de police, peuvent prendre, bien entendu, des mesures complémentaires pour assurer la circulation sur la voie publique. Mais, comme l'art. 8 des arrêtés préfectoraux du 29 février 1896 a formellement rapporté les arrêtés préfectoraux ou municipaux pris antérieurement, les tribunaux n'auront dorénavant à appliquer que les dispositions contenues dans les arrêtés postérieurs à la date ci-dessus.

18. — Pour Paris et le ressort de la Préfecture de police, M. le préfet de police, a rendu une ordonnance à la date du 17 juin 1896, laquelle reproduit toutes les dispositions du modèle joint à la circulaire ministérielle du 22 février 1896 et contient en plus deux dispositions particulières qui font l'objet des articles 7 et 9.

Voici le texte complet de ces dispositions :

« Art. 7. — *Il est interdit aux personnes faisant » usage de vélocipèdes de lutter de vitesse entre » elles sur la voie publique, sauf autorisation spé- » ciale.* »

« Art. 9. — *Les vélocipèdes circulant sur la voie » publique qui ne rempliraient pas les conditions » indiquées dans l'art. 3 ci-dessus...* » (Cet article est la reproduction littérale de l'art portant le même numéro dans le modèle d'arrêté préfectoral) « ... *se- » ront saisis et envoyés à la fourrière, sauf dans le » cas où les cyclistes seraient en mesure de justifier » de leur identité d'une façon suffisante.* »

19. — En adressant l'ordonnance du 17 juin 1896 aux maires des communes du ressort de la Préfecture de police, au directeur de la Police municipale et aux commissaires de police de Paris et de la banlieue, M. le Préfet de police a jugé bon de donner le commentaire de quelques-unes de ses dispositions; nous croyons utile de le reproduire :

Art. 2, § 1er. — *Tout vélocipède doit être muni d'un appareil sonore avertisseur dont le son puisse être entendu à 50 mètres.*

L'appareil sonore dont il est question dans cet article ne sera pas obligatoirement fixé à la machine. La prescription sera suffisamment respectée si l'appareil est tenu à la main par le cycliste et si ce dernier l'actionne aussi souvent qu'il sera besoin. Il suffira donc que vous constatiez que le cycliste est toujours en mesure de signaler sa présence au moyen de l'avertisseur dès que l'occasion s'en présente.

§ 2. — *Dès la chute du jour il doit être pourvu à l'avant d'une lanterne allumée.*

Le mot *lanterne* doit être entendu de tout appareil d'éclairage suffisamment lumineux pour être aperçu la nuit à une certaine distance. Ainsi une lanterne vénitienne en papier blanc ou de couleur peut être considérée comme atteignant le but proposé.

D'autre part, le § 2 de l'article 2 n'est applicable qu'aux machines montées. L'éclairage n'est donc pas obligatoire pour une machine conduite à la main.

Art. 4. — Dans cet article et dans l'article 6, le mot *agglomération* peut donner matière à interprétation ; il convient donc de le définir. Le mot *agglomération* n'est pas pris dans son sens administratif. Il ne s'agit pas là d'un groupe d'habitations formant une commune ou une section de commune, limité ou non par un périmètre d'octroi. Il faut entendre ce mot *agglomération* dans le sens de toute réunion continue de maisons bordant l'un et l'autre côté de la route suivie par le cycliste et donnant l'aspect d'une rue.

Dans ce même article, la marche en groupe ou en cortège est interdite en principe. Les exceptions à cette règle feront l'objet d'autorisations spéciales dont vous serez toujours informés, et les organisateurs de ces sorties devront en justifier à toute réquisition.

L'*allure modérée* dont il est question à l'article 4, § 1er, et à l'art. 6 § 4, doit être entendue d'une vitesse telle que le cycliste puisse au besoin arrêter sa machine dans l'espace de 4 à 5 mètres, c'est-à-dire ne dépassant pas 10 kilomètres à l'heure pour les lignes droites, et 8 kilomètres pour les carrefours et les tournants.

A Paris, dans les quartiers même les moins populeux, une allure dépassant la vitesse de 16 kilomètres sera considérée comme excessive.

Art. 5. — La mesure de 1m50 fixant l'espace utilisable que devront laisser les conducteurs de voitures et les cavaliers à l'approche d'un vélocipédiste, doit être calculée entre le bord intérieur du ruisseau et le moyeu de la roue du véhicule, ou, si le chargement dépasse le moyeu, l'extrémité de ce chargement. J'ajoute que la mesure de $1^{m}50$ n'est qu'un strict minimum. Toute infraction à cette disposition doit faire l'objet d'un procès-verbal.

Art. 6. — Le § 3 autorise en principe la circulation des vélocipèdes *conduits à la main* sur les trottoirs et contre-allées affectés aux piétons.

Il est bien entendu toutefois que le bénéfice de cette disposition ne saurait être invoqué par des vélocipédistes alors que les agents chargés du maintien de l'ordre estimeraient qu'il est nécessaire de les faire descendre sur la chaussée à raison soit de l'encombrement des trottoirs par les autres piétons, soit de ce fait que les vélocipèdes maculées de boue peuvent salir les passants.

Dans ces cas, les cyclistes devront déférer immédiatement à l'invitation qui leur sera adressée.

Art. 7. — Les mots *sauf autorisation spéciale*, qui figurent à la fin de l'article 7, s'appliquent aux courses publiques dont les points de départ ou d'arrivée se trouveraient dans le ressort de la Préfecture de police. A Paris, je me réserve de donner ces autorisations.

Art. 8. — L'article 8 admet que des arrêtés municipaux pourront interdire aux cyclistes tout où partie de la voie publique. Je crois devoir vous faire remarquer que les municipalités devront se borner, dans le cas où elles le jugeraient utile, à déterminer certains points de la voie publique où il y aurait danger à laisser passer les cyclistes, mais qu'elles ne sauraient modifier les mesures d'ordre général qui font l'objet de l'ordonnance du 17 juin, spécialement dans les articles 2 à 6 inclus. L'unité de la réglementation ne peut en effet qu'être profitable à la sécurité des piétons et des vélocipédistes eux-mêmes, comme l'ont fait ressortir MM. les Ministres de l'Intérieur et des Travaux publics dans leur circulaire relative à cette réglementation. En déterminant les obligations réciproques des piétons, des voituriers, des cavaliers et des vélocipédistes, les dispositions de l'ordonnance nouvelle diminueront le nombre et la gravité des accidents qui se produisent ; en même temps elles supprimeront l'inconvénient, pour les vélocipédistes, d'être soumis, en passant d'une localité à une autre, à des règles différentes.

J'ajoute que MM. les Maires devront soumettre à mon visa les arrêtés qu'ils se proposeraient de prendre par application de l'article 8.

Art. 9. — L'article 9 prescrit « l'envoi à la Fourrière des vélocipèdes qui ne rempliraient pas les conditions indiquées dans l'article 3 ».

Toutefois exception sera faite pour le cycliste *qui serait en mesure de justifier de son identité.*

Afin de faciliter aux intéressés les moyens de faire cette preuve, j'ai décidé que la Préfecture de police délivrerait, sur leur demande, aux vélocipédistes des cartes d'identité. Les renseignements contenus dans ce document au nombre desquels figureront la photographie, les noms et adresse du porteur, permettront à ce dernier d'établir son identité et vaudront titre entre ses mains. Les vélocipédistes déjà munis de cartes de circulation auront la faculté de produire cette carte qui, jusqu'à nouvel avis, leur tiendra lieu de carte d'identité.

20. — La reproduction du commentaire de M. le Préfet de police nous dispense d'insister autrement soit sur l'utilité, soit sur la portée des mesures prises à Paris et dans les départements. Il est à peine besoin, d'ailleurs, de faire remarquer que ce commentaire n'a aucune force obligatoire pour les tribunaux qui seraient appelés à statuer sur les infractions commises aux dispositions soit de l'ordonnance, soit des arrêtés préfectoraux ; il ne peut avoir que la valeur d'un simple renseignement. Néanmoins, comme il interprète sainement les mesures adoptées, les juges pourraient y recourir avec profit ; ils pourraient même interpréter de la même manière tous les autres arrêtés préfectoraux.

21. — L'ordonnance du 17 juin 1896 a remplacé celle du 9 novembre 1874. L'art. 4 de cette ordonnance interdisait la circulation des vélocipèdes dans un certain nombre de rues. Supprimée déjà depuis le 5 mars 1885, en faveur des tricycles, cette interdiction était levée, depuis le 20 septembre 1890, même pour les bicycles ou bicyclettes, si leur conducteur avait obtenu une carte spéciale d'autorisation. Actuellement la circulation est permise, en règle générale, dans toutes les rues et places de Paris. (1) L'usage de la carte d'identité est également supprimé, il ne subsiste plus que comme mesure facultative ; le port en présente encore quelques avantages, en ce sens qu'elle peut servir à prouver l'identité du porteur au regard de la police et de l'administration. Une telle carte pourrait, par exemple, être utilement produite dans les bureaux de poste, et le commentaire de l'art. 9 de l'ordonnance de police du 17 juin fournit, on vient de le voir, un autre exemple de son utilité.

22. — L'art. 2 des arrêtés préfectoraux et de l'ordonnance décide que tout vélocipède doit être muni d'un appareil sonore avertisseur dont le son puisse être entendu à 50 mètres. On s'est demandé si cet

(1) Art. 1er, ordonn. 17 juin. Il faut en dire autant pour toute autre ville de France (art. 1er des arrêtés préfectoraux du 29 février 1896).

appareil sonore, qui est, d'ordinaire, un grelot, doit être attaché à la machine ou si, au contraire, il peut être tenu à la main. Beaucoup de cyclistes trouvent plus commode de tenir leur grelot. Cette habitude est-elle conforme à la prescription de notre texte ? Le commentaire de M. le Préfet de police répond affirmativement; nous croyons aussi que cette solution est la meilleure en principe. Quel est en effet le but de cette prescription ? D'avertir à temps passants et voitures de l'approche du vélocipède. Il suffit donc que l'avertissement soit donné, peu importe que l'instrument qui l'a produit soit ou non attaché à la machine. Aussi croyons-nous fort critiquable la solution admise par la Chambre criminelle de la Cour de cassation, qui a décidé que commet une contravention le cycliste qui tient son grelot à la main. (1) Cette décision a été rendue en vertu d'un arrêté du maire de Saint-Sever, du 9 septembre 1894, dont la disposition relative au grelot était conçue dans des termes analogues à ceux de notre art. 2. Voici l'argument donné par la Cour :

« Attendu, que l'art. 1er de l'arrêté du 9 septembre 1894, en prescrivant qu'aucun vélocipède ne pourra circuler dans les rues de la ville de Saint-Sever et sur les routes jusqu'aux limites de la commune, sans être muni d'un grelot très sonore, n'a pas entendu subordonner la résonnance de ce grelot à une action plus ou moins intelligente et, par suite, plus ou moins interrompue ; que le

---

(1) Arrêt du 13 mars 1896, *Pandectes françaises pér.*, 97, 1, 15; S. 96, 1, 544 ; *Gaz. Pal.* du 19 mai 1896.

rédacteur de cet article a voulu, dans l'intérêt de la sécurité publique, que le bruit produit par ce grelot soit constant pendant que le vélocipède monté est en marche, afin que les passants puissent être avertis sans interruption du danger auquel ils sont exposés : que ce but est atteint quand le grelot est attaché à la machine, qu'il ne l'est pas quand celui qui la monte le tient à la main, parce que, soit par suite d'inattention, soit pour toute autre cause, le grelot tenu à la main n'est pas agité constamment et n'avertit pas sans cesse le public. »

Cet argument est sans doute excellent, mais il ne doit pas conduire, à notre avis, à faire de la question de l'attachement du grelot à la machine une obligation absolue pour le cycliste. Il suffira de reconnaitre au juge un large pouvoir d'appréciation sur le point de savoir si le cycliste a averti à temps, et le fait qu'il tenait son grelot à la main crée en quelque sorte une présomption de faute contre lui qu'il devra détruire par la preuve contraire. C'est donc une pure question de fait.

23. — La question de savoir si l'appareil avertisseur doit être tel qu'il sonne tout le temps s'est présentée dernièrement devant la Cour de Cassation et celle-ci a admis l'affirmative, en décidant que l'art. 2 des arrêtés de 1896 impose aux vélocipédistes d'annoncer *constamment* leur passage. (1) L'arrêt de la Cour suprême s'appuie sur les motifs importants que voici :

« Attendu qu'il résulte des termes de cet article que si

(1) Cass. crim., 19 février 1897, *Gaz. des Trib.* du 22 février 1897.

le choix de l'appareil sonore avertisseur dont le vélocipède doit être muni, est laissé à l'appréciation du vélocipédiste, ce dernier doit le choisir dans l'intérêt de la sécurité publique, de façon que le bruit produit par cet appareil soit constant pendant que le vélocipède est en marche, afin que les passants puissent être avertis sans interruption du danger auquel ils sont exposés ;

» Attendu qu'on objecte vainement que tel n'est pas le sens de l'article 2 dont le paragraphe premier de l'art. 5 indiquerait une portée différente dans la disposition suivante : « Les vélocipédistes doivent prendre leur droite, » lorsqu'ils croisent des voitures, des chevaux ou des vélo- » cipèdes, et prendre leur gauche lorsqu'ils veulent les » dépasser ; dans ce dernier cas, ils sont tenus d'avertir le » conducteur ou le cavalier, au moyen de leur appareil » avertisseur sonore et de modérer leur allure » ;

» Qu'il ne résulte nullement de ce dernier texte, en effet, que l'appareil sonore avertisseur ne doive pas résonner constamment lorsque le vélocipède est monté et en marche ; qu'il s'ensuit seulement que l'allure devant être modérée lorsqu'on veut dépasser des voitures, des chevaux et des vélocipèdes, et le son de l'appareil sonore avertisseur devenant en conséquence moins fort et risquant de ne pas être entendu, il est nécessaire d'avertir spécialement le conducteur ou le cavalier en faisant résonner cet appareil par un moyen autre que celui résultant de la marche ralentie du vélocipède ;

» Attendu que s'il en était autrement et si l'appareil sonore avertisseur ne devait obligatoirement résonner qu'au cas où le vélocipédiste dépasse des voitures, des chevaux ou des vélocipèdes, il en résulterait que les piétons seraient exposés à n'être jamais avertis, par le bruit dudit appareil, du danger qu'ils peuvent courir, puisqu'il dépendrait uniquement de la volonté du cycliste de faire ou non résonner son appareil lorsqu'il les dépasse ;

« Attendu, d'ailleurs, que les termes du paragraphe

premier de l'article 5 se réfèrent uniquement au cas où des voitures, des chevaux, ou des vélocipèdes sont croisés ou dépassés, que les piétons ne sont pas désignés dans ce texte, et que la protection qui leur est due leur est assurée par la disposition de l'art. 2 portant que l'appareil sonore avertisseur doit être établi sur le vélocipède, et indiquant par suite que cet appareil doit résonner constamment lorsque le vélocipède est monté et en marche. »

24. — C'est une question de fait à trancher souverainement par les juges que celle de savoir si l'appareil avertisseur est suffisamment sonore pour être entendu à 50 mètres. Il suffira, par exemple, au Tribunal de constater qu'aucun témoin ne l'a entendu pour décider qu'il y a eu contravention à l'art. 2. (1) Et cette décision, souveraine de la part des juges du fait, échapperait à la censure de la Cour de cassation.

25. — Les nouveaux textes, sur la circulation des vélocipèdes, ont mis fin à une question fort discutée autrefois et relative au point de savoir si un vélocipède devait être considéré comme une voiture et soumis, à ce titre, aux règlements visant les voitures circulant sur la voie publique et, notamment, au décret du 10 août 1852, sur la police du roulage.

La question avait été tranchée par la négative par un arrêt du 1er juin 1894 de la Cour suprême (2),

(1) Trib. corr. Grenoble, 18 juin 1896, *D. P.* 97, 2, 47 ; *Le Droit* du 14 août 1896.

(2) Cass. crim., 1er juin 1894, *Pand. franç. pér.*, 95, 1, 32; *Monit. just. paix*, 1894, p. 316 ; *D. P.* 94, 1, 464 ; *S.*, 94, 1, 304. — V. aussi Trib. civ. Versailles, 31 mai 1895, *D. P.* 96, 2, 127 ; *Gaz. des*

décidant que l'art. 9 du décret précité, d'après lequel tout roulier ou conducteur de voiture doit se ranger à sa droite, à l'approche de toute autre voiture, de manière à lui laisser libre au moins la moitié de la chaussée, ne s'appliquait pas aux cyclistes (1).

La même solution avait été adoptée précédemment par le Tribunal civil de Château-Thierry qui décida que les cyclistes pouvaient à leur gré passer à droite ou à gauche des véhicules qu'ils rencontraient, et que le conducteur d'une voiture qui livrait à un vélocipédiste un passage suffisant du côté droit de sa voiture ne contrevenait en aucune façon à la police du roulage. (2)

Nous retrouverons du reste la question en traitant de la responsabilité des voituriers et des passants sur la voie publique vis-à-vis des vélocipédistes (*infrà*, n° 105 et suiv.).

Quoi qu'il en soit de cette ancienne discussion, la question est aujourd'hui formellement tranchée par l'art. 5 des arrêtés préfectoraux et de l'ordonnance du Préfet de police qui indique de quel côté de la chaussée doit se ranger le cycliste lorsqu'il rencontre un cavalier ou une voiture et quel espace ces

---

Trib. des 30 septembre et 1er octobre 1895 *Gaz.; Pal.*, 1895, II, supp. 19. — Trib. civ. Nancy, 3 janvier 1896, *S.* 96, 2, 1 8 ; *Gaz. des Trib.* du 26 avril 1896; *La Loi*, 1897, p. 66.

(1) V. en sens contraire, Trib. civ. Versailles, 14 février 1896, *S.* 96, 2, 118 ; *D. P.* 96, 2, 283 ; *La Loi*, 1897, p. 169 ; *Gaz. des Trib.* du 26 avril 1896.

(2) Jug. du 30 septembre 1892, *S.* 93, 2, 28 ; *Monit. jug. paix*, 1892, p. 546.

derniers doivent lui laisser. Ce texte important sert à déterminer la responsabilité respective des parties en cas d'accident.

Avec les nouveaux textes devient tout à fait inutile le projet de loi déposé le 6 juillet 1894 sur le bureau de la Chambre des députés, en vue d'assimiler les vélocipèdes aux voitures quant à la police du roulage.

26. — Par application de la doctrine d'après laquelle les vélocipèdes ne devaient pas être considérés comme des voitures, il a été autrefois décidé que les arrêtés municipaux prescrivant que les voitures doivent, après l'allumage des réverbères, être pourvues d'une lanterne allumée ne s'appliquaient pas aux vélocipèdes. (1)

La question ne se pose plus aujourd'hui en présence des termes formels de l'alinéa 2 de notre art. 2; tout vélocipède doit être muni d'une lanterne allumée, dès la chute du jour. Nous adhérons, du reste, complètement au commentaire donné, à cet égard, par M. le préfet de police (*suprà*, p. 26), d'après lequel on doit se contenter de toute espèce de lanterne, même d'une lanterne vénitienne ; nous pensons aussi que notre texte ne s'applique qu'aux machines montées.

27. — Comme tous les règlements de police, nos textes sont d'interprétation étroite, leurs disposi-

(1) Trib. pol. Boulogne-sur-mer, 6 juillet 1891, *Monit. jug. paix*, 1891, p. 324. — Trib. pol. Alger, 25 août 1892, *Rev. Algér.*, 1892, p. 471.

tions concernent les seuls vélocipèdes ; il n'y a donc pas lieu de les appliquer à tout véhicule ne pouvant pas, à proprement parler, être considéré comme un vélocipède. Nous approuvons, en conséquence, une décision du juge de paix de Thoissez (Ain) (1), d'après laquelle ne doit pas être astreint à l'obligation d'être muni d'un appareil avertisseur sonore et pourvu d'une lanterne allumée dès la chute du jour, une sorte de tricycle-charrette, dénommé « baladeuse », servant à un marchand à transporter ses marchandises sur les marchés, construit en bois et monté sur trois roues cerclées de fer, roulant très lentement et avec un bruit que l'on entend à une aussi grande distance que s'il s'agissait d'une carriole ou d'une voiture à bras.

Il est à peine besoin d'ajouter que dans le cas où les arrêtés municipaux ou préfectoraux réglementent la police des véhicules ressemblant aux vélocipèdes, ces arrêtés seront appliqués.

28. — La *sanction* des dispositions que nous venons d'étudier est toujours pénale et quelquefois aussi civile.

Toutes les fois qu'un cycliste aura contrevenu à une de ces dispositions il tombera sous le coup des art. 475, 3° et 4°, et 476 du Code pénal, qui édictent pour les contraventions en matière de police du roulage, une amende de 6 à 10 francs et, en plus,

(1) 18 mai 1896, *Monit. jug. paix*, 1896, p. 396; *Mon. jud. Lyon*, du 30 avril 1897.

suivant les circonstances, un emprisonnement de trois jours au maximum. La peine sera toujours l'emprisonnement pendant cinq jours au plus, en cas de récidive (art. 478, C. pén.) C'est ainsi, qu'un bicycliste qui, à l'approche d'une voiture, avait passé à gauche au lieu de passer à droite, s'est vu condamner à 5 francs d'amende. (1)

Le tribunal compétent pour connaître de ces contraventions est le juge de paix, en vertu de l'art. 138, C. instr. crim.

Il y aura lieu à responsabilité toutes les fois que, par un fait à lui imputable, le contrevenant aura causé à autrui un dommage. Nous étudierons plus loin la portée de cette responsabilité.

29 *Droit de péage.* — Nous devons rattacher à la police du roulage une question assez originale qui s'est élevée à propos de la perception du droit établi pour le passage des ponts à péage. On s'est demandé si le vélocipédiste qui passe, avec sa machine, sur un pont à péage doit acquitter le droit fixé pour le passage des piétons ou bien celui fixé pour le passage des véhicules. Il est certain tout d'abord que si le règlement et le tarif du pont prévoient le cas du passage d'un vélocipédiste avec sa machine, il n'y a aucune difficulté : le vélocipédiste n'aura pas le droit de protester, il doit subir l'application du tarif. Mais que décider dans le cas où le tarif est muet à cet égard ?

(1) Trib. corr. Yvetot, 5 août 1896, *Le Droit* du 9 août 1896.

La question s'est présentée, il y a quelques années, au pont de Triel (Seine-et-Oise). Le péager réclamait aux cyclistes 5 cent. pour l'homme et 5 cent. pour la machine ; des difficultés s'étant produites, le préfet de Seine-et-Oise fut consulté sur la légitimité de cette taxe. Le préfet renvoya la question au Ministre des Travaux publics, qui répondit, le 27 mai 1891, que l'extrême légèreté des vélocipèdes, ainsi que le volume et le poids insignifiant qu'ils peuvent transporter, en plus de leur conducteur, ne lui paraissaient pas de nature à aggraver d'une façon appréciable les dépenses d'entretien du pont de Triel, pas plus qu'à absorber, comme paraissait le craindre le concessionnaire, le camionnage exécuté jusque là par des voitures soumises au tarif; que, d'autre part, la société concessionnaire était libre de percevoir, si elle s'y croyait fondée, par assimilation, pour le passage des personnes circulant sur des vélocipèdes, une taxe analogue à la redevance exigible des passants employant d'autres modes de transport, sauf, en cas de contestation, à faire trancher la question par la juridiction compétente.

Dans ces conditions, le préfet de Seine-et-Oise pensa qu'il n'y avait pas lieu de provoquer le décret du Conseil d'Etat qui était nécessaire pour ajouter au tarif du péage l'article additionnel de perception sollicité par la société concessionnaire dudit pont.

30. — Cette solution a été admise par la jurisprudence.

Le Tribunal de simple police de Belvès (Dordogne)

a décidé que le péager qui exige pour une personne à bicyclette une somme plus élevée que pour un piéton commet une contravention tombant sous le coup de la loi. (1)

Plus récemment, la Chambre criminelle de la Cour de cassation a consacré la même doctrine relativement au pont de Sivrac ; dans le silence de la loi, a-t-elle dit, le vélocipédiste doit être soumis au même tarif que les piétons, dès lors le péager qui exige et reçoit 10 cent. contrevient à l'art. de la loi du 6 frimaire an VII. (2)

Cette solution nous paraît incontestable, en présence de la considération de fait invoquée par le Ministre des Travaux publics dans son avis du 27 mai 1891 (v. n° précédent), fortifiée par l'argument juridique présenté par la Cour de cassation.

31. — Les vélocipèdes doivent également payer un droit lorsqu'ils sont transportés sur des *bacs*. Les mêmes difficultés peuvent se présenter ici que pour les ponts à péage, parce que la plupart du temps les cahiers des charges des concessionnaires des bacs ne prévoient pas le droit à percevoir pour le transport des vélocipèdes. Dans le silence des textes, la solution qui s'impose, paraît-il, est de n'appliquer aux vélocipèdes que le tarif ordinaire des marchandises. En effet, tout dernièrement, le

(1) 29 décembre 1893, *Monit. jug. paix*, 1894, p. 81.

(2) Arrêt du 6 septembre 1894 ; *Pand. franç. pér.*, 95, 1, 464 ; *D. P.*, 95, 1, 24 ; *S.*, 94, 1, 480 ; *Journ. arr. Bordeaux*, 96, 3, 43.

concessionnaire du bac de Quillebœuf exigeant un droit de 50 cent., le président du Touring-Club a demandé, à cet égard, l'avis du Préfet de l'Eure. Voici la réponse qu'il a obtenue :

« Evreux, le 11 janvier 1897.

Monsieur le Président,

A la date du 17 novembre dernier, vous m'avez transmis une réclamation par laquelle M. D..., de Tours, signale que le concessionnaire du bac de Quillebœuf a demandé à trois membres du Touring-Club le paiement d'une taxe de 0 fr. 50 cent. par bicyclette, transportée du bateau à vapeur venant du Havre au quai de Quillebœuf, et vous me demandez si cette taxe fait l'objet d'une autorisation régulière.

J'ai l'honneur de vous informer que le sieur M....., concessionnaire du bac précité, a bien sollicité de mon administration l'autorisation de percevoir une taxe spéciale de 0 fr. 50 cent. pour chaque vélocipède à une place déchargé du bateau à vapeur, mais qu'il n'était pas et n'est pas encore en droit d'appliquer ce tarif, lequel tarif n'a fait l'objet, jusqu'à ce jour, d'aucune homologation des conseillers généraux de l'Eure et de la Seine-Inférieure.

Les bicyclettes transportées auraient dû, à mon avis, supporter le tarif des marchandises, un droit de 0 fr. 10 par cinq kilog.

Il appartient donc au plaignant, s'il le juge à propos, de demander à qui de droit la restitution de la somme indûment perçue, ce qui ne rentre peut-être pas dans son intention, en raison du faible intérêt en jeu.

J'ajouterai néanmoins que le sieur M..... a été prévenu par mes soins que, si pareil fait se renouvelait, il s'exposerait à un procès-verbal de contravention dressé en vertu de l'article 3 de la loi du 6 frimaire an VII.

Recevez, etc. »

32. — Cette solution est d'autant plus intéressante pour les cyclistes que des abus analogues à celui commis par le concessionnaire de ce bac se produisent fréquemment.

C'est ainsi que la compagnie qui possède le monopole du bac de Saint-Malo à Dinard, lequel forme la suite de la route nationale, après avoir commencé par percevoir des droits supérieurs à 1 franc par machine, les a abaissés successivement à 1 fr., 75 cent. et 50 cent. et exige en ce moment 30 cent. pour les tricycles et 20 cent. pour les bicyclettes (1). Le cycliste qui se refuserait à payer ce tarif fantaisiste serait parfaitement dans son droit.

33. *Chemins de fer.* — L'enregistrement d'un vélocipède voyageant avec son propriétaire coûte 10 centimes, qu'il s'agisse d'une machine simple ou d'une machine multiple, d'une bicyclette ou d'un tricycle. (2)

Voici maintenant les tarifs applicables au transport des vélocipèdes sur tous les réseaux :

En grande vitesse.

1° Expéditions ne pesant pas plus de 40 kilog.
Jusqu'à 200 kilom. . . . . fr. 0.35

---

(1) *Paris-Vélo* du 10 février 1897.

(2) En principe, les Compagnies accordent la réduction de 50 °/ₒ sur leur tarif général aux Sociétés vélocipédiques qui en font la demande, à condition que les membres voyagent en groupe de 10 au moins ou paient pour 10 (Voir l'*Annuaire du Touring-Club de France* pour 1897, p. 432 et 433).

Par chaque kilog. en excédent au-delà de :

200	à	300 kilom. . . .	fr. 0.32
300	à	400 —	0.32
400	à	800 —	0.30
800	à	1,000 —	0.28
1,000.			0.25

par tonne et par kilomètre, frais de manutention compris.

2° Expéditions de plus de 40 kilog.

Jusqu'à 100 kilom. . . . . . . fr. 0.32

Par chaque kilog. en excédent au delà de :

100	à	300 kilom. . . .	fr. 0.30
300	à	500 — . . .	0.28
500	à	600 — . . .	0.26
600	à	700 — . . .	0.24
700	à	800 — . . .	0.22
800	à	900 — . . .	0.20
900	à	1.000 — . . .	0.18

par tonne et par kilomètre.

En petite vitesse :

1° Expéditions d'un poids ne dépassant pas 40 kil., 0 fr. 25 par tonne et par kilomètre (y compris les frais de manutention); avec minimum de 0 fr. 40 par expédition (non compris l'enregistrement et le timbre: 0 fr. 80). Sans toutefois que cette taxe puisse être supérieure à celle d'une expédition calculée au tarif général 1re série, applicable aux expéditions de plus de 40 kil. Le nombre de kilog. doit être arrondi de dix en dix : 21 ou 28 kil., par exemple, sont taxés 30 kilog.

2° Expéditions d'un poids supérieur à 40 kilog. Le tarif applicable à ces expéditions varie de réseau à réseau et suivant l'importance du parcours.

34. *Droits de douane.* — Il nous reste à parler, des droits à payer et des formalités à remplir par les vélocipèdes qui traversent la frontière.

Les vélocipèdes de construction étrangère importés en France sont frappés d'un droit d'entrée. Ce droit varie suivant le pays d'origine du vélocipède : il est de 220 francs les 100 kil. net pour les pays jouissant du tarif minimum et de 250 fr. les 100 kil. net pour les pays qui ne jouissent que du tarif général. Le pays d'origine est celui où le vélocipède a été construit (Circ. min. du 28 juillet 1896).

35. — Ce droit est acquitté, quel que soit le poids absolu de la machine et sans qu'il y ait à distinguer entre les différents modèles (monocycles, bicycles, bicyclettes, triplettes, quadruplettes, tricycles, tricycles-tandem, quadricycles, vélocipèdes-porteurs pour le transport de colis postaux).

36. — Les vélocipèdes actionnés par un moteur à essence ou à explosions (vélocipèdes à moteur, à pétrole, motocycles, etc.) sont passibles du droit des vélocipèdes ordinaires sur *leur poids total*, moteur compris (Avis du Conseil consultatif du 14 août 1895).

37. — Mais le vélocipède du voyageur, qui, momentanément seulement, entre en France ou qui sort de notre pays, ne doit pas être, à cet égard, traité de la même façon que le vélocipède importé en France pour y être vendu et y circuler. Il serait souverainement injuste que le cycliste, possesseur d'une machine française, soit tenu d'acquitter un droit de douane chaque fois qu'il franchirait nos frontières. Aussi, des mesures ont-elles été prises pour assurer aux vélocipèdes français, moyennant certaines formalités, le droit d'aller librement à l'étranger et de revenir ensuite en France sans payer un droit d'entrée. De même, des mesures analogues permettent aux vélocipèdes étrangers qui viennent passer quelque temps en France pour retourner ensuite à l'étranger, de franchir nos frontières sans payer le droit de douane.

38. — Le développement continu du sport vélocipédique a rendu nécessaire la simplification des formalités.

A l'égard des cyclistes allant à l'étranger et qui étaient tenus de se munir à la sortie de France d'un passavant descriptif, il a paru que l'apposition d'un plomb de douane sur leurs vélocipèdes, sans distinction d'origine, constituerait pour le service le meilleur moyen pratique de reconnaître l'identité des machines.

L'administration a en conséquence fait frapper des plombs dont elle a pourvu la Douane centrale et les gares de Paris, ainsi que les principaux bureaux-frontières. Ces plombs doivent être apposés *gratuitement*, à l'aide d'une pince spéciale, sur le cadre indémontable du vélocipède (Circ. min. 6 déc. 1894).

L'application de ces dispositions était assez difficile les dimanches et fêtes sur certains points, par suite de la fermeture des bureaux. Aussi a-t-il été décidé que le service actif pourrait apposer lesdits jours, en l'absence du personnel sédentaire, le plomb spécial d'exportation.

39. — A l'égard des vélocipèdes étrangers se rendant momentanément en France, il a été décidé qu'ils doivent, suivant le régime de droit commun, consigner les droits d'entrée dont nous avons parlé, ou présenter une caution solvable pour obtenir la garantie d'un acquit-à-caution. Il est perçu 0 fr. 75 c. pour timbre.

La reconnaissance de consignation ou l'acquit-à-caution est valable pour *un an*. Pendant ce délai, les vélocipédistes ont toute latitude pour passer d'un pays dans l'autre, à leur volonté, par le bureau de leur choix, *en faisant viser ladite pièce à l'entrée et à la sortie*.

A l'expiration du délai d'un an, si les vélocipèdes dont il s'agit ne sont pas sortis de France, les droits consignés sont définitivement acquis au Trésor. S'ils en sortent avant l'expiration de ce délai, ces droits leur sont remboursés, à la présentation de la reconnaissance de la consignation et après l'accomplissement de certaines autres formalités.

40. — Toutefois, sont dispensés des formalités qui précèdent et peuvent entrer librement en France, par extension de l'arrêté ministériel du 25 septembre 1824 (art. 3), les habitants de la zone frontière, personnellement connus du service.

41. — D'autre part, un régime de faveur, consistant notamment en la libre circulation, au vu d'une carte d'identité délivrée par les sociétés vélocipédiques, est appliqué aux membres français ou étrangers de sociétés françaises, ainsi qu'aux adhérents des associations des autres pays, en échange des facilités accordées par ces pays aux vélocipédistes français. (Arr. min. du 28 juillet 1896.)

42. — Des dispositions analogues existent dans la plupart des pays étrangers, notamment dans les pays limitrophes de la France.

43. — Il en est ainsi, par exemple, en Belgique. Des facilités sont faites aux membres des sociétés vélocipédiques. L'administration des douanes belges a décidé dernièrement que la durée de la validité des permis de circulation délivrés par le Touring-Club, sera d'un an pour les membres de cette société habitant des localités voisines de la frontière et se rendant fréquemment en Belgique.

Elle a décidé aussi qu'à partir du 1er avril 1897, de nouveaux bureaux seront ouverts le dimanche à Pont-de-Paille et Watervlieh, dans la province de la Flandre orientale ; à Bockau et Petite-Chapelle, dans la province de Namur.

44. — De même en Suisse, des *laissez-passer* sont délivrés aux membres des sociétés vélocipédiques. La Direction générale des douanes suisses a décidé récemment que les *laissez-passer* qui seront délivrés dans la première moitié de l'année, soit du 1er janvier au 30 juin, seraient valables jusqu'au 31 décembre de la même année, et que ceux délivrés du

1er juillet au 31 décembre d'une année seraient valables jusqu'au 30 juin de l'année suivante.

Leur durée de validité peut être prolongée jusqu'à un an.

Ces *laissez-passer* sont rédigés en français, allemand et italien.

Les cyclistes qui bénéficient de cette faveur ne doivent pas quitter le territoire suisse sans remettre au bureau de sortie le *laissez-passer*, faute de quoi les droits sont réclamés à la Société dont ils font partie.

45. — En Italie, les cyclistes qui désirent franchir la frontière sans avoir à acquitter les droits d'entrée doivent se faire délivrer, à la frontière, au vu de leur carte de membre de leur société, un *laissez-passer* et apposer un plomb sur leur machine. Ce *laissez-passer* est valable pour six mois. Les bénéficiaires doivent représenter leur machine à la douane italienne avant l'expiration dudit délai.

Il est prélevé par la douane italienne 1 fr. 25 pour le timbre du *laissez-passer* et 10 centimes pour le plomb.

Section III. — *Responsabilité du vélocipédiste.*

46. — « Tout fait quelconque de l'homme qui cause à autrui un dommage, oblige celui par la faute duquel il a eu lieu à le réparer », dit l'art. 1382 du Code civil. Cette disposition s'applique au vélocipédiste dans toute sa rigueur, et l'on doit admettre, en vertu de l'article 1383, que sa responsabilité sera engagée chaque fois qu'il aura causé par sa faute, sa négligence ou son imprudence, un dommage à autrui.

Les cas de responsabilité des cyclistes sont des plus nombreux et les hypothèses les plus diverses peuvent se présenter ; il est donc utile de poser quelques règles directrices.

47. — Le cycliste peut causer un dommage à autrui de deux façons. Tout d'abord en détériorant la machine sur laquelle il est monté, si cette machine n'est pas sa propriété, mais qu'il en ait acquis l'usage par la location ou le prêt.

Lorsqu'il monte une machine louée, peu importe la durée de la location, il est responsable, vis-à-vis du loueur, des accidents qui la détériorent, que ces accidents soient dus au hasard, à sa propre faute ou à la faute d'un tiers, sauf son recours contre le tiers dans ce dernier cas. Le loueur d'un vélocipède, comme le loueur de tout objet qui ne se consomme pas directement par l'usage, n'en abandonne que l'usage momentané, usage plus ou moins long, mais il conserve le droit de recevoir son bien dans l'état où il l'avait livré.

Peu lui importe l'origine de la détérioration de son bien, qu'elle soit, par exemple, le fait d'un tiers étranger à son locataire : il n'a traité qu'avec ce seul locataire, il ne connaît que lui seul.

Ainsi donc, lorsqu'un cycliste endommage une machine qui ne lui appartient pas, une machine louée, dans l'espèce, il doit la réparation de ce dommage au propriétaire de cette machine. Et il appartient aux tribunaux, en cas de contestation, de fixer le montant de cette réparation.

Mais le loueur doit évidemment faire, devant les tribunaux, la preuve du préjudice qu'il a subi. (1)

48. — Les mêmes principes s'appliquent si la machine du cycliste lui a été prêtée. Toutefois, dans le cas de prêt, la responsabilité du cycliste sera arbitrée plus sévèrement par le juge, vu le caractère du prêt, contrat gratuit.

49. — Le dommage peut être, en second lieu, causé directement à une personne ou à un objet quelconque ; le cycliste en sera responsable vis-à-vis de la personne lésée, s'il y a faute ou simple imprudence de sa part, et cela sans distinguer si l'instrument qu'il montait lui appartient ou non. Dans tous les cas, il est tenu des dommages de son propre fait. Le seul point à examiner sera donc de savoir si l'accident qu'on lui impute est bien dû à son fait ; dans l'affirmative, l'application de l'art. 1382, C. civ., s'imposera.

50. — Les accidents causés par les cyclistes aux personnes passant sur la voie publique sont malheureusement très fréquents et les questions de responsabilité qu'ils entraînent sont celles qui reviennent le plus souvent devant les tribunaux en matière de vélocipédie. Il est évident que ce sont de pures

---

(1) V. trib. paix Sceaux, 8 juin 1894, *Monit. jug. paix*, 1894, p. 454.

questions de fait. Pour les résoudre le juge s'occupera de savoir quel est le véritable auteur de l'accident : le cycliste... ou sa victime.

Souvent la personne renversée et blessée aura fait preuve d'inattention, de maladresse, quelquefois même de mauvaise volonté. Dans ce dernier cas surtout, elle ne peut alors s'en prendre qu'à elle-même et n'a aucun recours contre le cycliste. Plus souvent encore, il faut bien le reconnaître, l'accident sera dû entièrement à la faute du cycliste, inexpérimenté ou maladroit, ou bien en faute avec les règlements de police, sur les divers points qui ont pour but d'assurer la sécurité des passants. Dans des cas de ce genre, les tribunaux n'hésiteront pas à rendre les vélocipédistes responsables des blessures qu'ils auront causées. C'est ainsi que la Cour de Nancy a condamné à des dommages-intérêts (1) un vélocipédiste, qui, faute de n'avoir pas arrêté sa machine, pris la droite de la chaussée, averti à une distance raisonnable et de façon à être entendu, avait renversé un passant.

51. — Cette responsabilité en cas de blessures est civile et pénale à la fois. Au point de vue civil, le vélocipédiste sera condamné à des dommages-intérêts vis-à-vis de la personne lésée, conformément à l'art. 1382, C. civ. Au point de vue pénal, il pourra encourir les peines édictées par l'art. 320 du Code

(1) 4 décembre 1896, S. 97, 2, 63 ; *Rec. arr. Nancy*, 1896, p. 188 ; *Gaz. Pal.* du 14-15 février 1897.

pénal, pour blessures involontaires, à savoir 6 jours à 2 mois d'emprisonnement et 16 à 100 fr. d'amende, ou l'une de ces deux peines seulement.

Ainsi, deux cyclistes montant un tandem ont été condamnés à 50 francs d'amende et solidairement aux dépens, pour avoir occasionné des blessures involontaires à un passant. (1)

52. — Alors même que, la faute du vélocipédiste étant reconnue, une imprudence pourrait être mise à la charge de la victime de l'accident, le vélocipédiste ne sera pas moins responsable. Mais cette imprudence de la victime permettra aux juges de diminuer le chiffre des dommages-intérêts, ainsi qu'on le verra lorsqu'on étudiera la responsabilité des tiers, des voituriers principalement, vis-à-vis des cyclistes blessés par eux.

53. — La rencontre de deux vélocipèdes sur la voie publique est une source abondante d'accidents soit pour les machines, soit pour leurs possesseurs. Les principes du droit commun s'appliquent ici. Si l'accident est purement fortuit ou si l'on n'arrive pas à établir la faute de l'une des parties en cause, il n'y aura lieu à aucune responsabilité : chacun supportera le préjudice qui l'atteint. Mais il y aura, au contraire, lieu à responsabilité civile et pénale, si l'une des parties est reconnue fautive.

La jurisprudence a fait tout récemment une appli-

(1) Trib. corr. Grenoble, 18 juin 1896, *D. P.* 97, 2, 47 ; *Le Droit*, 14 août 1896.

cation de ces règles dans une espèce bien caractéristique. Trois cyclistes traversaient une place publique; un autre cycliste, venant en sens contraire, crut devoir passer au milieu d'eux. Un choc se produisit: trois des quatre vélocipédistes furent projetés à terre, et l'un des trois promeneurs eut les deux os de l'avant-bras fracturés. Dans l'espèce, l'accident était évidemment dû à la faute du dernier cycliste; il aurait dû passer à droite ou à gauche du groupe qu'il rencontrait. Aussi le Tribunal de police correctionnelle de la Seine, n'hésita-t-il pas à le condamner à 50 fr. d'amende et à 250 fr. de dommages-intérêts. (1)

54. — Il peut se faire, dans le cas de rencontre de bicyclettes, que la faute ne soit pas unilatérale, mais que l'accident soit dû à une faute commune; dans ce cas, il faut dire qu'en principe il n'y aura pas lieu à responsabilité. Mais si le tribunal peut établir une disproportion dans les fautes, il condamnera celui qui a commis la faute la plus grande.

55. — Une question, qui, pour ne point s'être présentée jusqu'ici, à notre connaissance, devant nos tribunaux, n'en a pas moins un certain intérêt pratique, se pose lorsque le vélocipède qui a causé l'accident n'est pas une machine simple, montée par une seule personne, mais une machine multiple : tandem, triplette ou quadruplette. Qui sera responsable de cet accident? Est-ce le propriétaire de la

---

(1) Jug. du 21 janvier 1897.

machine multiple, en supposant, bien entendu, qu'il soit au nombre des équipiers? Est-ce celui qui la dirige « l'homme de tête » pour employer le langage usité dans les vélodromes? Est-ce, enfin, l'équipe tout entière solidairement? Il peut arriver d'ailleurs que la machine soit la propriété de deux, de plusieurs ou de tous les équipiers. Si l'on tient compte du fait de la propriété pour décider la question, il est certain que la responsabilité de chacun sera engagée au prorata de sa part de copropriété. Et telle paraît être la solution à laquelle s'arrête la jurisprudence des tribunaux américains. (1) Nous ne saurions, en France, souscrire à une pareille solution. La base de la responsabilité est le libre arbitre de chacun; on est responsable parce qu'on a commis une faute. (Art. 1382, C. civ.) Il est vrai que nous pouvons être responsables du dommage causé par une personne ou un animal placés sous notre surveillance, mais là encore le fondement de la responsabilité est notre propre fait: une négligence, une insuffisante attention. Le seul fait qu'une machine a été la cause d'un accident, n'engage donc pas la responsabilité du propriétaire, et cela sans distinguer si celui-ci montait ou non la machine. Mettrons-nous alors la responsabilité à la charge du conducteur de l'équipe? La solution affirmative serait plus juridique que celle admise par les tribunaux américains, le conducteur étant, en effet, appelé à exercer une initiative

(1) *Paris-Vélo*, 22 janvier 1897.

et une surveillance plus grandes que ses compagnons. Néanmoins, nous adopterons une troisième opinion, d'après laquelle la responsabilité pèserait sur l'équipe tout entière. Dans ses rapports avec les tiers, l'équipe forme un objet unique : la victime de l'accident ne doit pas souffrir de l'insolvabilité de l'un des équipiers, il doit avoir le droit de s'adresser à l'un quelconque d'entre eux et lui demander l'indemnité qui lui est due. Il est vrai que la solidarité ne se présume pas en matière civile (article 1202, C. civ.) ; mais il en est autrement en matière de délits : l'art. 55 du Code pénal décide formellement que tous les individus condamnés pour un même délit sont solidairement tenus des amendes, des restitutions, des dommages-intérêts et des frais.

Mais si chacun des cyclistes répond vis-à-vis des tiers de tout le dommage causé, il n'en résulte nullement que, dans leurs rapports entre eux, les co-équipiers soient tenus de se répartir en portions égales le montant de la condamnation. Ici le principe général de la faute reprend tout son empire et celui ou ceux qui seront reconnus en faute devront supporter seuls les suites de l'accident ; les tribunaux auront, à cet égard, un large pouvoir d'appréciation. De sorte que si l'un des cyclistes a indemnisé totalement le tiers, il aura un recours contre qui de droit, dans le cas où l'accident ne serait pas entièrement dû à sa faute.

Mais si on n'arrive pas à établir que l'un des équipiers a commis une faute particulière, tous seront également responsables et seront tenus chacun pour une portion égale.

56. — Nous avons raisonné jusqu'ici dans l'hypothèse d'un vélocipédiste capable, jouissant de tous ses droits et facultés. Il faut maintenant prévoir le cas où le vélocipédiste est un incapable : un mineur, une femme mariée, une personne pourvue d'un conseil judiciaire.

57. — Lorsque le vélocipédiste est une personne pourvue d'un conseil judiciaire, il n'y a pas de difficulté. Les règles de responsabilité sont les mêmes que celles que nous venons d'étudier ; l'incapacité spéciale établie par les art. 513 à 515 du Code civil n'apporte aucune modification à la théorie générale des fautes. Seulement la poursuite devra être dirigée également contre le conseil, qui doit assister en justice le prodigue et le faible d'esprit. (Art. 513, C. civ.)

58. — Il en est de même si l'auteur de l'accident est une femme mariée : sa responsabilité est la responsabilité de droit commun, et la femme sera poursuivie sans que l'autorisation maritale soit nécessaire. (Art. 216, C. civ.)

Toutefois, les condamnations pénales ou civiles prononcées contre la femme ne pourront s'exécuter que sur les biens qui lui appartiennent en propre ; et même, si le mari a la jouissance des biens personnels de sa femme, ce qui arrivera, par exemple, si les époux sont mariés sous le régime de la communauté, les condamnations ne pourront s'exécuter, pendant la durée du mariage, que sur la nue-propriété des biens personnels de la femme. (Art. 1424, C. civ.) (1)

59. — Reste le cas du mineur. Le cycliste mineur qui se trouve dans une circonstance où la responsabilité d'un majeur serait engagée, est-il responsable?

En ce qui touche la responsabilité pénale, il faut appliquer l'article 66 du Code pénal, qui s'applique aussi bien en matière de contravention qu'en matière de crimes ou délits. Le mineur sera toujours responsable comme le majeur, s'il est âgé de plus de 16 ans accomplis, et s'il est âgé de moins de 16 ans, il y aura lieu de distinguer suivant qu'il aura agi avec ou sans discernement. Dans le premier cas, il sera responsable ; dans le second, il ne le sera pas.

Au point de vue de la responsabilité civile, les tiers lésés auront toujours un recours en indemnité soit contre le mineur, soit contre ses représentants légaux. Ce dernier recours sera étudié dans le chapitre suivant et nous ne nous occupons ici que du recours contre le mineur lui-même. A cet égard, on doit distinguer suivant que le mineur a agi avec ou sans discernement. S'il a agi sans discernement, l'accident doit être considéré comme un cas fortuit et le recours contre le mineur ne sera pas possible. (2) Si, au contraire, il a agi avec discernement, il pourra être condamné personnellement aux répa-

---

(1) V. notamment Sourdat, *Traité de la responsabilité*, t. II, n° 859, et les autorités citées.

(2) Sourdat, *op. cit.*, t. I, n° 416.

rations civiles de son fait ou de sa faute. Comme le disait Pothier (1), l'usage de la raison suffit à cet effet. (2) Or, comme il sera rare de voir un enfant n'ayant pas encore l'usage de la raison se livrer au sport vélocipédique et causer des accidents, on peut dire que, dans la très grande majorité des cas, le vélocipédiste mineur pourra être personnellement poursuivi en réparation du préjudice causé.

(1) *Traité des obligations*, n° 118.
(2) Sourdat, *op.* et *loc. cit.*

CHAPITRE II

Responsabilité des représentants légaux du vélocipédiste.

60. — On vient de voir dans quels cas le vélocipédiste engage sa responsabilité, on a vu aussi dans quelle mesure le vélocipédiste incapable peut être personnellement tenu de son fait ou de sa faute ; il faut maintenant examiner dans quelles hypothèses et d'après quelles règles le vélocipédiste engage la responsabilité de ceux sous l'autorité desquels il se trouve soumis. Nous allons successivement étudier cette question pour les enfants mineurs, les préposés, commis ou domestiques, et la femme mariée.

61. *Enfants mineurs.* — Un fils de famille, en faisant de la bicyclette, cause à autrui un dommage : nous venons de voir que, la plupart du temps, il sera obligé à le réparer ; mais cette responsabilité sera, le plus souvent aussi, inefficace, parce que les fils de famille n'ont pas de quoi réparer leurs fautes : l'action du tiers lésé serait donc bien précaire si elle ne pouvait se diriger que contre l'enfant? Pourra-t-il alors recourir contre ses parents ou son tuteur? L'art. 1384 C. civ. dispose, dans son deuxième paragraphe, que « le père, et la mère après le décès du mari, sont responsables du dommage causé par leurs enfants mineurs habitant avec eux ». Les parents seront donc responsables des faits ou de la faute de leurs enfants cyclistes, mais à deux conditions : 1° que l'enfant habite avec ses parents; 2° qu'il soit mineur. Cette responsabilité est fondée sur la puissance qui appartient aux parents et les oblige à veiller sur leur enfant, et, à cet égard, il n'y a pas à distinguer entre les enfants légitimes et les enfants naturels. De la double condition qui précède, il résulte que les parents ne seront pas responsables si l'enfant n'habite pas avec eux, par exemple, s'il est en apprentissage, s'il se trouve dans une maison d'institution ou s'il est placé comme serviteur à gages ; dans toutes ces hypothèses, la responsabilité des parents passe, ainsi qu'on le verra plus loin (nos 74 et s.), à d'autres personnes. (1)

62. — Faisant application de la règle que la responsabilité des parents cesse lorsque leur enfant n'habite pas avec eux, le Tribunal civil de la Seine a débouté de sa demande en dommages-intérêts un individu blessé gravement par un cycliste, habitant Paris, qui avait été condamné de ce fait, correctionnellement, à 50 fr. d'amende, demande dirigée contre les parents du jeune homme qui habitaient dans le département de la Lozère, parce que, a dit le tribunal, « les époux C... habitant dans le département de la Lozère, ne pouvaient exercer de sur-

(1) V. Toullier, *Droit civil*, t. XI, nos 265 et 268 ; Sourdat, *op. cit.*, t. II, nos 814 et suiv.

veillance efficace sur leur fils résidant à Paris. » (1)

63. — Mais la responsabilité des parents ne disparaît pas si la faute commise par leur enfant est due au défaut de surveillance d'un précepteur auquel l'enfant a été confié et qui habite chez les parents (2) ; les parents resteront responsables, sauf leur recours possible contre le précepteur. (3)

Il en sera de même si le fait de la non habitation de l'enfant chez ses parents n'a pas un motif légitime. Si par exemple il se trouve en état de vagabondage, les parents sont toujours responsables, parce qu'ils sont en faute d'avoir laissé leur enfant en état de vagabondage. (4)

64. — La seconde condition de la responsabilité des parents est la minorité de l'enfant : la responsabilité cesse aussitôt que l'enfant devient majeur. Toutefois, si l'enfant majeur est un insensé, la responsabilité des parents continuera d'exister ; seulement elle aura changé de base : au lieu d'être, comme pendant la minorité, basée sur le fait de la puissance paternelle (art. 1384), elle sera basée sur un fait de négligence ou d'imprudence personnelles (art. 1383).

65. — La responsabilité des parents cessera-t-elle, de même, avec l'émancipation de l'enfant ? Il faut répondre affirmativement pour le cas où l'enfant

---

(1) Jugement du 28 décembre 1896, *Gaz. des trib.* du 20 janvier 1897.

(2) Cass. rej., 20 décembre 1831, *D. P.*, 1833, I, 16.

(3) Sourdat, t. II, n° 815.

(4) Sourdat, t. II, n° 821.

émancipé a un domicile séparé des parents. Dans le cas contraire, on doit distinguer suivant la cause qui a produit l'émancipation. S'il s'agit d'une émancipation volontaire de la part des parents, la responsabilité de ceux-ci ne disparaît pas, parce qu'il ne doit pas être permis aux parents de se décharger de leur responsabilité en vertu d'un acte volontaire de leur part. Si, au contraire, l'émancipation résulte du fait du mariage de l'enfant, la responsabilité des parents disparaît, parce que l'émancipation n'est pas tout à fait leur œuvre. (1)

66. — Mais pendant la minorité les parents sont responsables, sans qu'il soit nécessaire de distinguer, comme on l'a prétendu (2), entre le cas où l'enfant a agi avec discernement et celui où il a agi sans discernement. (3)

67. — Entre le père ou la mère, on a vu que l'art. 1384, al. 2, met la responsabilité à la charge du père durant le mariage, et à celle de la mère après le décès du mari. Mais, pendant le mariage, n'y aura-t-il pas des cas où la mère sera responsable de préférence au père ? Certainement. Il en sera d'abord ainsi toutes les fois que la femme sera investie, à la

(1) Duranton, *Droit civil*, t. XIII, n° 715 ; Demolombe, *Obligations*, n° 578 ; Sourdat, t. II, n° 827. — V. toutefois : Toullier, t. XI, n° 277.

(2) Toullier, t. XI, n° 270.

(3) Duranton, t. VII, n° 367, et t. XIII, n° 717 ; Faustin-Hélie Chauveau et Villez, *Théorie du Code pén.*, t. II, p. 291, 2e édit. ; Sourdat, t. II, nos 823 et 824.

place du mari, de la puissance paternelle. Par exemple, en cas d'absence (art. 141, C. civ.), ou interdiction du père, lorsque le père aura été déchu de la puissance paternelle (loi du 24 juillet 1889) ; en cas de séparation de corps (art. 303, C. civ.), dans les hypothèses des art. 29 et 335 du Code pénal. Il en sera de même lorsque la femme, sans être titulaire de la puissance paternelle, en aura l'exercice exclusif, à raison de l'impossibilité du mari de l'exercer, par exemple lorsque celui-ci sera banni ou en prison. (1)

On a voulu aller plus loin et une opinion a soutenu que la mère est seule responsable dans le cas où l'enfant est en bas-âge (2), car c'est à elle-même alors à le surveiller, ou lorsqu'on pourra prouver une faute personnelle de la mère. (3) Mais l'opinion contraire, qui écarte la responsabilité de la mère dans toutes ces hypothèses, est plus généralement admise. (4)

Toutefois, on décide que dans le cas de faute d'un enfant commun, si la communauté existant entre les époux paye la réparation à laquelle donne lieu la faute de l'enfant, elle supportera cette perte sans récompense. (5)

---

(1) Sourdat, t. II, n° 831.

(2) Ce cas d'ailleurs n'offre guère d'intérêt pratique, on comprend pourquoi.

(3) Sourdat, t. II, n° 829, et les autorités citées.

(4) Demolombe, *op. cit.*, n°s 563, 564 et 570, et les autorités citées.

(5) Rodière et Pont, *Contrat de mariage*, t. I, n° 633 ; Sourdat, t. II, n° 871.

68. — La règle de la responsabilité des parents n'est pas absolue, la loi y apporte un tempérament dans le § 5 de l'art. 1384, C. civ. Cette responsabilité disparaîtra si les père et mère prouvent qu'ils n'ont pu empêcher le fait délictueux de leur enfant. On décide généralement qu'en dehors de toute faute générale et antérieure des parents, leur absence au moment du dommage est une excuse suffisante. (1) Faisant application, en cette matière, de la solution qui précède, nous dirons que les parents sont responsables des dommages causés par leur enfant lorsqu'ils l'ont, légèrement, autorisé à se promener en vélocipède, si son imprudence ordinaire devait leur dicter une conduite toute différente. Si, au contraire, ils prouvent que leur enfant, et par son âge et par ses habitudes, est généralement assez prudent et qu'ils n'ont, dès lors, commis aucune imprudence en l'autorisant à sortir en vélocipède, ils ne doivent pas être déclarés responsables des dommages accidentels que le jeune cycliste aura causés.

69. — A plus forte raison, donnerons-nous la même solution dans l'hypothèse où l'enfant n'avait point obtenu l'autorisation expresse ou tacite des parents, ou bien si c'est à leur insu et tout à fait accidentellement qu'il s'est livré au sport vélocipédique. Nous approuvons dès lors pleinement la solution admise dans l'espèce suivante : Un mineur ayant

(1) Sourdat, t. II, nos 832 et suiv., et les autorités citées.

loué un tricycle et ne l'ayant pas restitué à son propriétaire, celui-ci s'adressa aux parents de l'enfant et leur demanda de lui rembourser la valeur du tricycle non restitué.

Le tribunal saisi de l'affaire décida justement que les parents n'étaient pas responsables, parce que le tiers lésé n'avait pris aucun renseignement sur l'identité et la moralité de l'enfant et ne s'était pas non plus inquiété de savoir s'il avait d'abord obtenu l'autorisation de ses parents, autorisation qui, en fait, n'existait pas, attendu que les parents ignoraient les agissements de leur enfant. (1) C'est le défaut d'autorisation qui nous paraît justifier en droit cette solution.

70. — Le doute sur le défaut de l'autorisation ne sera pas possible, et la solution précédente s'imposera également, *a fortiori*, dans le cas où les parents avaient expressément défendu à leur enfant de faire de la bicyclette et avaient pris toutes les mesures nécessaires pour faire respecter leur défense, par exemple en la communiquant à un ou plusieurs loueurs ou marchands de cycles. Il est certain, dans ce cas, que le loueur qui, ne tenant aucun compte de cette défense, aurait confié un vélocipède à l'enfant, ne pourrait pas s'adresser aux parents pour leur demander réparation d'un préjudice résultant pour lui de la location consentie à l'enfant.

---

(1) Trib. paix Paris, 6 février 1894, *Monit. jug. paix*, 1894, p. 210.

La non-responsabilité des parents, dans cette hypothèse, existera aussi bien vis-à-vis des tiers victimes de l'accident causé par le mineur non autorisé que vis-à-vis des loueurs ou marchands.

71. — Lorsque les parents sont responsables, ils le sont non seulement des faits qui causent dommage à autrui, mais aussi des infractions commises par leur enfant, en dehors de toute question de dommage. (1) C'est ainsi que le mineur autorisé à faire du vélocipède, qui aurait contrevenu à l'art. 2 des arrêtés préfectoraux du 29 février 1896, engagerait la responsabilité de ses parents, en ce sens que ceux-ci seraient tenus de payer l'amende qui serait prononcée contre lui.

72. — Ainsi que nous l'avons laissé pressentir, la responsabilité des parents n'efface pas celle qui incomberait personnellement à l'enfant; le tiers lésé a le choix de poursuivre les premiers ou le second, mais le recours contre les premiers sera plus utile en fait. (V. *suprà*, n° 59.)

Si les parents ont été poursuivis et ont payé, ils auront un recours contre l'enfant, si celui-ci était personnellement tenu de sa faute ; ils pourront faire figurer ce qu'ils auront payé sur le compte de tutelle de l'enfant; il faut décider même que, dans le cas où ce recours n'aurait pas été exercé, l'enfant devrait rapporter à la succession de ses parents ce qu'ils ont payé pour lui.

---

(1) Sourdat, t. II, n° 838.

Mais les parents n'auraient aucun recours contre l'enfant, s'ils avaient commis eux-mêmes une faute ayant motivé la sienne. (1)

73. — Jusqu'ici, nous avons raisonné dans l'hypothèse d'un enfant en puissance paternelle; si le vélocipédiste est un mineur en tutelle, les règles que nous venons de poser pour les parents s'appliqueront au tuteur et au cotuteur. (2)

74. *Préposés ou domestiques, élèves ou apprentis.* — D'après les §§ 3 et 4 de l'art. 1384 C. civil, les maîtres et les commettants sont responsables du dommage causé par leurs domestiques et préposés dans les fonctions auxquelles ils les ont employés; les instituteurs et artisans sont aussi responsables du dommage causé par leurs élèves et apprentis pendant le temps qu'ils sont sous leur surveillance.

75. — La responsabilité des instituteurs et artisans remplace celle des parents pour tout le temps que les élèves ou apprentis sont sous leur dépendance; elle est, dès lors, régie par les mêmes règles, et le § 5 de l'art. 1384 permet aux instituteurs et artisans, comme aux parents, de se décharger de leur responsabilité, en prouvant qu'ils n'ont pu empêcher le dommage dont on leur demande réparation.

76. — La responsabilité des maîtres et commettants ne remplace pas complètement celle des parents, puisqu'elle n'existe que quand le domestique

---

(1) Sourdat, t. II, nos 839 à 842, et les autorités citées.
(2) Sourdat, t. II, nos 843 et suiv., et les autorités citées.

et l'apprenti sont sous leur surveillance. Toutefois, il peut arriver qu'un mineur, placé chez un maître en qualité de domestique, soit sous la dépendance entière du maître ; on se demandera alors si la puissance paternelle n'a pas passé, en fait, sur la tête du maître, de façon à exonérer le père ou la mère de l'enfant : il y a là une question de fait à trancher souverainement par les tribunaux. (1)

La responsabilité des maîtres et commettants est limitée aux faits ou fautes commis par leurs préposés ou domestiques dans l'exercice de leurs fonctions, et c'est parce qu'elle est limitée qu'elle ne comporte pas le tempérament admis par la loi en ce qui touche la responsabilité des parents (art. 1384, al. 5). Dans ces conditions, cette responsabilité sera assez rare, parce qu'il faudra démontrer que le dommage causé par un vélocipédiste, qui a la qualité de préposé ou de domestique, a eu lieu à un moment où le vélocipédiste circulait en vélocipède pour le compte de son patron. C'est ainsi qu'il a été décidé que le patron ne saurait être déclaré responsable de l'accident causé à un tiers par son préposé monté sur une bicyclette, s'il n'est point établi que celui-ci faisait habituellement à bicyclette les courses qui lui étaient ordonnées par son patron, ni qu'à l'heure de l'accident il faisait une course réellement commandée (2).

(1) Sourdat, t. II, n° 927.

(2) Trib. corr. Seine, 18 mai 1896, *Gaz. Pal.*, 96, 1, 84.

De même, le tribunal civil de la Seine a écarté une action en dommages-intérêts dirigée contre un marchand de vins et basée sur ce fait que son garçon de magasin avait, étant à bicyclette, gravement blessé un passant, parce qu'il n'était nullement établi qu'au moment où il avait commis l'imprudence grave qui lui était reprochée, il fût dans l'exercice des fonctions auxquelles il était employé et qu'il n'était pas justifié qu'il fût monté sur une bicyclette d'après les ordres de son patron et pour le service de son commerce. (1)

77. *Femme mariée.* — En principe, le mari n'est pas responsable des fautes commises par sa femme, et ce, alors même que celle-ci est mineure ; en effet, la puissance maritale est établie beaucoup plus dans les rapports des époux entre eux que dans ceux de la femme avec les tiers. Cette solution résulte de l'article 1424, C. civil, qui ne fait nullement peser sur le mari les conséquences pécuniaires des condamnations prononcées contre la femme commune en biens. La doctrine et la jurisprudence sont d'accord sur ce point. (2) Mais le mari qui aurait autorisé sa femme à faire du vélocipède ne pourrait-il pas être déclaré responsable des dommages causés par cette dernière, s'il était établi qu'il a commis une imprudence en accordant cette autorisation ?

---

(1) Trib. civ. Seine, 28 décembre 1896, *Gaz. des trib.*, 20 janvier 1897.

(2) Demolombe, *Dr. civ.*, t. III, nº 598 ; Sourdat, t. II, nºs 847 et suiv., et les nombreuses autorités citées.

L'affirmative pourrait s'autoriser de l'opinion générale enseignée par Pothier. (1) Nous croyons qu'on pourrait encore la soutenir, mais les juges ne doivent admettre la preuve de l'imprudence commise par le mari que lorsqu'elle est bien évidente. Nous reconnaîtrions le mari plus facilement responsable si le dommage causé par sa femme a eu lieu pendant une promenade où elle était accompagnée de son mari. La responsabilité du mari doit être admise, dans ce cas, s'il est démontré qu'il était à même d'empêcher le fait dommageable, ou que l'impossibilité de l'empêcher dans laquelle il s'est trouvé provient de sa propre faute. (2)

78. — La responsabilité du mari sera plus certaine et aura une base plus solide, si la femme a commis un fait dommageable, en agissant comme la préposée de son époux. On appliquera alors au mari les règles applicables aux commettants en général. Il sera, il est vrai, souvent difficile de dire si la femme est la préposée du mari, mais c'est une question de fait à trancher par les tribunaux. (3)

79. — Si le mari peut, dans certains cas, répondre de la faute de sa femme, la réciproque n'est pas vraie. La femme ne peut être rendue responsable de la faute du mari. Ce n'est pas dire qu'elle ne puisse en ressentir le contre-coup. Les condam-

---

(1) *Traité des obligations*, n° 134, et *Traité de puiss. marit.*, n° 52.

(2) Sourdat, t. II, n° 851.

(3) Sourdat, t. II, n° 857.

nations prononcées, en effet, contre le mari, seront exécutées sur les biens de la communauté, sauf récompense due à la femme; ce que la loi dit des amendes (art. 1424), la doctrine l'étend généralement aux réparations civiles dues par le mari par suite de ses délits et quasi-délits. (1)

(1) Rodière et Pont, t. I, n° 632; Sourdat, t. II, n° 869.

CHAPITRE III

Responsabilité des tiers.

80. — Par tiers, nous entendons ici toutes personnes autres que le vélocipédiste et ses représentants légaux. Nous les divisons en trois catégories, dont chacune fera l'objet d'une des sections de ce chapitre. Ce sont : 1° les marchands et loueurs de vélocipèdes ; 2° les dépositaires et plus spécialement les hôteliers et aubergistes chez qui le vélocipédiste peut loger avec sa machine ; et 3° les tiers que le vélocipédiste peut rencontrer sur la voie publique : passants, voituriers et propriétaires d'animaux. Ces tiers peuvent se trouver responsables, soit vis-à-vis du vélocipédiste, soit vis-à-vis d'autres personnes.

SECTION 1re. — *Marchands et loueurs.*

81. — Les marchands et loueurs peuvent se trouver responsables vis-à-vis de leurs clients, soit par suite de leur propre fait, soit par suite du fait de leurs commis ou préposés (*suprà*, n° 76) ; ils peuvent aussi être responsables vis-à-vis de leurs commis eux-mêmes.

82. — *Vis-à-vis des clients*, les marchands ou loueurs de vélocipèdes sont responsables des suites que peut comporter le contrat de vente ou de louage qui intervient entre eux. En vendant ou en louant un vélocipède, le marchand ou loueur contracte non seulement l'obligation de fournir la machine promise, mais celle de fournir une bonne machine, répondant aux conditions nécessaires prévues tacitement par les parties.

La vente et le louage des vélocipèdes sont soumis aux règles générales qui régissent la vente et le louage des autres meubles ; nous les laisserons de côté car leur étude nous entraînerait trop loin et ne présente pas d'ailleurs un intérêt particulier. Nous ne nous occuperons ici que d'une question qui offre une singulière importance en matière de vélocipédie, l'obligation de garantie pour vices de la chose.

83. — Cette obligation de garantie n'est pas la même, suivant qu'il s'agit de l'un ou de l'autre de ces contrats.

84. — En cas de vente, dit l'art. 1641 du Code civil, le vendeur est tenu de la garantie à raison des défauts cachés de la chose vendue qui la rendent impropre à l'usage auquel on la destine, ou qui diminuent tellement cet usage, que l'acheteur ne l'aurait pas acquise, ou n'en aurait donné qu'un moindre prix, s'il les avait connus. Ainsi, celui qui vend une bicyclette, doit garantir qu'elle est en bon état et peut subir l'usage ordinaire des bicyclettes, c'est-à-dire supporter un poids normal et une allure qui n'aura rien d'exagéré. Du reste, les prospectus des constructeurs de bicyclettes avertissant le public des qualités du modèle, permettent d'établir la vitesse à laquelle la bicyclette peut atteindre.

C'est dans ces limites que se restreint la responsabilité du vendeur. De sorte que le cycliste qui soumettrait sa machine à un usage abusif et qui s'exposerait, par suite de cet abus d'usage, à un accident, ne pourrait pas prétendre à garantie de son vendeur ; celui-ci lui répondrait avec raison qu'il n'a pas à subir la conséquence des fautes ou imprudences de ses clients.

85. — Un procès fort intéressant s'est élevé en cette matière. Deux cyclistes montés sur un tandem ayant fait une chute, à la suite de laquelle ils constatèrent que la fourche de leur machine était rompue, la confièrent d'abord pour la réparer au fabricant qui la leur avait vendue. Mais, entre temps, considérant la machine achetée comme absolument défectueuse, ils assignèrent leur vendeur, par l'intermédiaire de leurs parents, en paiement d'une somme totale de 4.700 francs, représentant le préjudice qu'ils avaient subi ainsi que le prix de la machine. L'expert, nommé par justice pour rechercher les causes de l'accident, n'avait pu établir si cet accident était le résultat d'un vice de fabrication ou s'il devait être attribué à un usage excessif de la machine. Or, le vice de fabrication ne pouvait pas être constaté, parce que la fourche n'avait été remise à l'expert que postérieurement à la réparation opérée par le vendeur ; et, d'un autre côté, l'hypothèse d'un usage excessif pouvait tout aussi bien être admise, attendu que les cyclistes en question faisaient partie de sociétés vélocipédiques et paraissaient dans les concours publics où ils ne ménageaient guère leur machine, dont ils avaient plus d'une fois faussé la fourche, réparée chaque fois par le vendeur. Se basant sur ces considérations très juridiques, le Tribunal civil de la Seine a débouté les cyclistes de leur demande en dommages-intérêts et en restitution du prix. (1)

86. — Le vendeur n'est pas tenu des vices apparents et dont l'acheteur a pu se convaincre lui-même (art. 1642, C. civ.). Le cycliste doit donc examiner attentivement la machine qu'il se propose d'acheter. Dans certains cas le prix peu élevé qui lui sera demandé devra le mettre en garde contre une fraude de la part du vendeur et lui faire soupçonner que la machine qu'on lui propose ne présente pas toutes les garanties de solidité, sinon d'élégance qu'exige une bonne machine.

87. — Le vendeur est, au contraire, tenu des vices cachés, à moins qu'il n'ait stipulé qu'il ne devra aucune garantie (art. 1643, C. civ.). L'acheteur d'un vélocipède devra veiller à ce que la facture qui lui sera remise en paiement de son achat ne contienne aucune clause de non-responsabilité, parce qu'en acceptant cette facture il reconnaîtrait tacitement la non-responsabilité du vendeur. Pareille clause pour-

(1) 17 novembre 1896, *Le Droit* du 9 décembre 1896; *Gaz. Pal.* du 18 février 1897.

rait se trouver aussi dans les prospectus du vendeur ; mais, à défaut de toute mention dans la facture, le vendeur ne pourrait s'en prévaloir, parce que son client n'est pas censé avoir lu et approuvé le prospectus.

88. — En cas de vices cachés, par exemple de vices de fabrication, la responsabilité du vendeur varie suivant qu'il connaissait ou non ces vices. Dans le premier cas, il sera tenu à la restitution du prix reçu et à tous dommages-intérêts envers l'acheteur. Dans le second cas, au contraire, il ne sera tenu qu'à la restitution du prix et au remboursement à l'acheteur des frais occasionnés par la vente (art. 1645 et 1646, C. civ.). Bien entendu, la restitution *du prix* n'aura lieu que lorsque l'acheteur ne voudra pas garder la machine ; mais, s'il veut la garder, il n'aura droit (sauf les dommages-intérêts, le cas échéant), qu'à la restitution d'*une partie du prix*, proportionnelle à la diminution de valeur résultant de l'existence des vices cachés (art. 1644, C. civ.).

89. — La question de savoir si le vendeur connaissait ou non les vices cachés sera une question de fait. Mais on peut se demander si tout vice de construction ou de fabrication constituera un vice caché.

Voici dans quelles circonstances la question s'est posée devant les tribunaux :

M. M... avait acheté à M. R... une bicyclette construite dans les ateliers de MM. C..... et Cie ; en juillet 1894, il la fit remettre à neuf par ces derniers ; le 5 septembre suivant, pendant une course que

M. M... faisait sur sa bicyclette, le tube de direction se rompit, et le cycliste fit une chute qui l'obligea à garder la chambre environ deux mois. Par ordonnance de référé du 16 janvier 1895, un ingénieur, fut nommé expert, avec mission d'examiner la bicyclette et de dire si l'accident arrivé à M. M... provenait d'un vice de construction. L'expert ayant déposé son rapport au greffe du tribunal de la Seine, M. M... assigna devant ce tribunal MM. C... et Cie en paiement de 30.000 francs de dommages-intérêts, en soutenant, conformément à l'avis de l'expert, que le tube de direction de la bicyclette présentait un vice de construction qui avait déterminé l'accident, et que MM. C... et Cie, qui connaissaient ce vice de construction, avaient commis une faute lourde en remettant en circulation, après l'avoir remise à neuf, une bicyclette défectueuse. Il réduisit, par la suite, sa demande à une somme de 5.000 fr.

Le tribunal débouta le demandeur par les motifs suivants :

« Attendu que, par ordonnance de référé en date du 16 janvier 1895, L..., expert, a été commis avec mission de rechercher les causes de l'accident ; qu'il résulte de son rapport, déposé au greffe le 16 mai 1895, que la rupture du tube de direction doit être attribuée à la faiblesse de ce tube qui n'était point renforcé ; qu'il ressort également des constatations de l'expert qu'à l'époque où C... mit dans le commerce le type de bicyclette à tube simple, de nombreux constructeurs avaient agi de même ; qu'on ne reconnut que plus tard la défectuosité des machines à tube simple dont on cessa la fabrication ;

» Attendu qu'il appert de ces déclarations qu'on ne saurait considérer comme un vice de construction la faiblesse du tube employé, alors que les inconvénients ne s'en étaient pas encore révélés, et qu'aucun reproche ne peut être adressé à C... d'avoir fabriqué des bicyclettes de ce type, à l'époque où il vendit à R... sa machine, cause de l'accident;

» Attendu que M... soutient encore que, si au moment où la bicyclette dont il s'agit fut livrée à R..., l'emploi du tube simple pouvait ne pas présenter de danger connu, il n'en était plus de même au mois de juillet 1894; qu'à cette date, en effet, C... avait, ainsi que tous les autres constructeurs, reconnu les inconvénients de cette fabrication; qu'il aurait dû, alors que la machine lui était confiée pour une remise à neuf, vérifier toutes les pièces, renforcer le tube de direction, ou tout au moins avertir le propriétaire de la défectuosité résultant de la faiblesse de ce tube;

» Mais attendu qu'au moment où M... fit remettre sa machine au constructeur, ce dernier avait cessé depuis longtemps de fabriquer des machines à tube simple; que rien ne pouvait appeler son attention sur ce point spécial; qu'en effet la remise à neuf d'une bicyclette, d'après les usages reçus dans ce genre de commerce, ne comprend pas le démontage de la machine, la vérification de toutes les pièces qui la composent, la rectification des frottements, ni la réparation des pièces dont la défectuosité se révélerait à un examen attentif et minutieux;

» Que cette remise à neuf s'entend de l'apparence extérieure de la bicyclette et ne comporte que la peinture de la machine et le nickelage des pièces polies; que le prix relativement modique demandé pour cette opération ne peut laisser aucun doute à ce sujet;

» Attendu, dès lors, que C..., en donnant à la bicyclette l'apparence d'une machine neuve, n'a pu s'apercevoir de la défectuosité du tube de direction et qu'on ne saurait lui faire grief de ne l'avoir pas renforcé, ou tout au moins de n'en avoir pas signalé les inconvénients à M...; que l'action de ce dernier dirigée contre C... doit être repoussée. » (1)

Cette décision nous paraît correcte en tant qu'elle statue sur l'ignorance du vice de fabrication de la part du constructeur. En effet, comme l'établit fort bien le jugement rapporté, l'opération de remise à neuf ne comportait pas pour le fabricant un examen détaillé de la machine et, du reste, ce n'est pas pour cette époque que la question de la connaissance du vice caché devait être résolue, mais bien pour l'époque de la construction et de la vente ; or, à ce moment-là, de l'aveu du demandeur, le danger résultant de l'emploi du tube simple n'était pas connu. Mais le jugement du tribunal de la Seine nous paraît prêter le flanc à la critique en tant qu'il ne constate pas l'existence même du vice caché au moment de la construction et de la vente.

Que le danger résultant de l'emploi du tube simple fût ou non connu, il n'est pas moins certain qu'il existait dès cette époque ; dès lors, le constructeur devait être tenu, en vertu de l'art. 1646 du Code civil, comme est tenu tout vendeur qui ignore les vices de la chose vendue. Le tribunal aurait donc dû, réduisant la demande, le condamner à restituer la totalité ou une partie du prix, suivant que le demandeur aurait voulu rendre ou garder la machine.

---

(1) Trib. civ. Seine, 11 novembre 1896, *Le Droit* du 9 décembre 1896 ; *Gaz. Pal.* du 18 février 1897.

90. — Dans une autre affaire, le même tribunal a reconnu la responsabilité des vendeurs, tout en tenant compte, dans l'évaluation de l'indemnité qu'ils devaient payer aux victimes d'un accident résultant d'un vice de construction, de l'imprudence commise par les vélocipédistes qui allaient, la nuit, à une très grande vitesse. Le tribunal écarta la demande en responsabilité dirigée contre les constructeurs de la machine et ne retint que celle dirigée contre les vendeurs, parce que les demandeurs n'avaient traité qu'avec ces derniers et qu'en plus ceux-ci avaient consenti, par une clause expresse de garantie, insérée dans la facture, à prendre à leur charge tous les risques résultant d'une fabrication défectueuse.

Voici l'espèce dans laquelle est intervenue cette nouvelle décision du tribunal civil de la Seine (1). Deux cyclistes montaient un tandem, lorsque le tube se rompit et les deux voyageurs furent projetés sur la route et grièvement blessés. Ils assignèrent en dommages-intérêts tant les constructeurs que les vendeurs de leur tandem :

« Attendu que Hodey et Midavaine ayant été blessés à la suite d'une chute de bicyclette-tandem ont assigné, par exploit du 8 novembre 1894, Dupressoir et Lapierre en qualité de liquidateur de la société Barbay et Cie en payement de 10.000 francs pour le premier et de 5.000 francs

---

(1) 24 février 1897, *Gaz. des trib.* du 10 mars 1897 ; *Le Droit* du 16 avril 1897 ; *Gaz. Pal.*, 97, I, 484.

pour le second, en réparation du préjudice qu'ils prétendent avoir éprouvé ;

» Que, par des conclusions postérieures, Hodey a élevé à 20.000 francs le chiffre des dommages-intérêts qu'il réclame ;

» Attendu qu'un jugement de cette chambre en date du 4 décembre 1895 a commis Hignette, Périssé et de Parville, experts, à l'effet de rechercher les causes de l'accident dont les demandeurs ont été victimes ;

» Attendu que les constatations des experts consignées dans leur rapport ont établi que le tube appelé ordinairement tête de fourche avait été confectionné avec un métal trop faible et qu'il n'avait pas été convenablement renforcé par l'adjonction d'un tube intérieur sans solution de continuité destiné à augmenter la résistance ; qu'au lieu d'un manchon metallique solidement brasé, le tube dit tête de fourche ne contenait intérieurement que deux bagues distantes d'un centimètre environ qui laissaient entre elles un point faible sur lequel la pression de l'appareil en charge normale exerçait un effort qui devait amener fatalement la rupture du tube à bref délai ;

» Attendu que ce fait constaté d'une manière indiscutable par les experts ne laisse aucun doute sur l'existence d'un vice de construction ;

» Qu'il échet, dès lors, de rechercher les responsabilités qui en découlent ;

» Attendu que Hodey et Midavaine ont acheté la bicyclette-tandem, cause de l'accident, à la société Barbay et Cie ; qu'ils n'ont point traité directement avec Dupressoir, constructeur de la machine ;

» Qu'il est établi par les documents du procès que Barbay et Cie n'étaient ni les représentants ni les mandataires de Dupressoir, mais des commerçants vendant pour leur compte personnel des bicyclettes achetées à divers fabricants et spécialement des cycles Dupressoir ;

» Attendu que les demandeurs ont si bien compris qu'ils

ne traitaient pas directement avec le fabricant, qu'ils ont exigé que la société Barbay et Cie les garantit contre tous risques résultant d'un vice de construction, que la société venderesse a consenti à prendre à sa charge tous les risques résultant d'une fabrication défectueuse, en insérant dans la facture une clause de garantie contre tous vices de construction ;

» Qu'en stipulant ainsi qu'elles l'ont fait dans le contrat de vente, les parties ont elles-mêmes reconnu que, dans l'espèce, l'étendue de leur action devrait être limitée à la société Barbay et Cie, pour le cas où un vice de construction viendrait à se révéler ;

» Attendu, dès lors, qu'il n'échet de maintenir en cause Dupressoir dont la responsabilité à l'égard des demandeurs actuels ne saurait être retenue ;

» Attendu qu'il résulte de ce qui précède que la société Barbay et Cie doit être considérée comme responsable du préjudice souffert par les demandeurs ;

» Attendu qu'il résulte de divers certificats médicaux produits aux débats que les blessures reçues par Midavaine ont été extrêmement légères et qu'elles n'ont nécessité qu'un repos assez prolongé et ont causé une incapacité de travail d'un mois environ ;

» Attendu qu'il n'en est pas de même des blessures reçues par Hodey, que leur gravité a été établie d'une manière indiscutable ; que même, après rétablissement complet, il reste partiellement défiguré, le nez ayant subi un écrasement et devant toujours conserver la trace des cicatrices de la plaie ; qu'il a, en outre, perdu plusieurs dents et notamment toutes les incisives ;

» Attendu qu'il y a lieu de tenir compte, dans l'évaluation des dommages-intérêts, de l'imprudence commise par les demandeurs qui, la nuit, n'ont pas hésité à imprimer, de l'aveu même de Hodey, à leur tandem une vitesse considérable, augmentant ainsi par un usage abusif les chances de rupture, même pour une machine mieux construite ;

» Attendu que le tribunal a les éléments nécessaires pour évaluer le préjudice éprouvé par les demandeurs et pour fixer à 500 francs l'indemnité due à Midavaine et à 4,000 fr. celle qui devra être payée à Hodey ;

» Par ces motifs,

» Met Dupressoir hors de cause ;

» Condamne Lapierre, ès-qualité, à payer : 1° à Midavaine la somme de 500 francs ; 2° à Hodey la somme de 4,000 fr. à titre de dommages-intérêts pour les causes sus-énoncées ;

» Condamne Lapierre, ès-qualité, en tous les dépens, sauf toutefois les dépens nécessités par la mise en cause de Dupressoir ou exposés par lui, lesquels resteront à la charge des demandeurs. »

91. — *En cas de location*, le loueur est tenu, en principe, de la même obligation de garantie que le vendeur, avec cette différence toutefois que, tandis que le vendeur a une responsabilité, relativement aux vices cachés, qui varie suivant qu'il en avait ou non connaissance, le loueur, au contraire, est tenu de la même obligation, qu'il connaisse ou qu'il ignore les vices de la machine louée ; dans tous les cas où la machine a des vices cachés, le loueur doit, outre la restitution du prix de location, des dommages-intérêts, lorsque ces vices ont occasionné au vélocipédiste un préjudice (art. 1721, C. civ.). La raison de cette différence est que le loueur qui fournit une machine pour servir à l'usage ordinaire des vélocipèdes, doit savoir si elle y est propre ; s'il ne le sait pas, il est en faute. (1)

---

(1) Aubry et Rau, *Cours de droit civil*, t. IV, § 336, p. 477 ; Mourlon, *Répétit. écrit. sur le Code civ.*, t. III, n° 744, p. 334.

92. — Le loueur est encore responsable de la perte ou de la détérioration des objets que le vélocipédiste laisse chez lui en dépôt.

Quelquefois le loueur peut prétendre que les objets déposés chez lui par le vélocipédiste l'ont été à titre de gage. La preuve de ce caractère du dépôt lui incombe alors. S'il n'y a pas gage, le loueur ne saurait retenir les objets déposés jusqu'au moment où le cycliste lui paiera l'indemnité qu'il pourra lui devoir (art. 1932, C. civ.). Une pareille rétention peut donner lieu à des dommages-intérêts au profit du cycliste. Ainsi, un loueur a été condamné à payer, dans ces circonstances, une somme de 40 francs pour dommages-intérêts et à restituer des objets déposés chez lui avec 3 francs par jour de retard. (1)

93. — Dans un autre ordre d'idées, on s'est demandé si le constructeur de cycles qui expose dans une salle publique des modèles de vélocipèdes peut être rendu responsable des accidents causés par ces machines. Il est tout d'abord certain que si l'accident est dû à la faute de l'exposant, sans qu'il y ait aucune faute de la victime, la responsabilité de l'exposant sera engagée. Si, par exemple, la machine exposée, étant mal suspendue, est tombée et dans sa chute a blessé un visiteur qui n'a rien fait pour provoquer cette chute, l'exposant devra réparation au visiteur blessé du préjudice à lui causé.

Mais il en sera autrement si le visiteur a provoqué

(1) Trib. paix Sceaux, 8 juin 1894, *Monit. jug. paix*, 1894, p. 454.

l'accident, il devra alors supporter les conséquences de sa faute ou de son imprudence. C'est ce qui a été jugé par le tribunal civil de la Seine dans l'espèce suivante :

Un modèle de bicyclette avait été exposé dans la salle des dépêches du journal *l'Eclair*. La machine était placée sur une table et maintenue en équilibre par un support de 80 centimètres de hauteur, de façon que tous les visiteurs pussent faire mouvoir librement les roues et s'assurer de leur bon fonctionnement.

Un jeune enfant voyant les roues de la dite bicyclette mises en mouvement par un autre visiteur, toucha la chaîne de la main gauche, qui se trouva brusquement entrainée contre la crémaillère et eut l'index et le médium broyés jusqu'à la seconde phalange. Le père de la victime assigna aussitôt le journal *l'Eclair* et le sieur G..., exposant de la bicyclette en question, en 20.000 francs de dommages-intérêts, en soutenant qu'ils avaient eu le tort de ne pas prendre les précautions nécessaires pour protéger le public contre les accidents que la rotation des roues de la machine exposée pouvait causer.

Le tribunal de la Seine débouta le demandeur par les motifs suivants :

« En ce qui touche la Société du journal *l'Eclair* :

» Attendu que la dite Société, pour dégager sa responsabilité, produit un contrat intervenu entre elle et G..., le 23 août 1894, lequel sera, s'il ne l'est déjà, enregistré en même temps que le présent jugement ;

» Attendu qu'aux termes de l'article 1er de cette convention, G.. met à la disposition du journal *l'Eclair* une partie de la boutique dont il est principal locataire rue Montmartre, 176-178, pour y installer, sous le titre de salle de dépêches, un bureau de vente du journal et une exposition de gravures, dessins, portraits d'actualité se rapportant au journal ; qu'aux termes de l'art. 2, il se réserve la jouissance des autres parties de la boutique pour y exposer tous produits, affiches, réclames, qu'il jugera convenables, sous forme de publicité ;

» Qu'il est constant en fait que la bicyclette exposée dans la boutique dont s'agit avait été installée dans la partie réservée par G.. et par les soins de ce dernier ;

» Que l'action dirigée contre le journal *l'Eclair* ne saurait dès lors être accueillie.

» En ce qui touche l'instance introduite contre G...:

» Attendu qu'il résulte de la déclaration des témoins entendus par le commissaire de police à la suite de l'accident; que, le 14 octobre 1895, G.. avait exposé, dans la partie de la salle qui lui était réservée, une bicyclette posée sur un pied assez élevé pour permettre de faire mouvoir la manivelle qui actionne les roues ; que cette exposition avait pour but de permettre aux nombreux curieux qui pénètrent dans la salle des dépêches, d'examiner la machine et de se rendre compte des roulements, et de faire ainsi une réclame pour l'objet exposé ;

» Attendu qu'un visiteur mit en mouvement la manivelle de la bicyclette afin de constater si elle était établie dans de bonnes conditions ; que le jeune H.., qui avait pénétré dans la salle des dépêches, voulut arrêter les roues en introduisant son doigt entre la chaîne et le pignon denté qui sert à la transmission ; qu'il eut alors la main entraînée par le mouvement de rotation et l'extrémité de deux doigts broyée ; que c'est de cet accident que H.. père entend demander la réparation ;

» Attendu que le jeune H.. a été victime de sa seule imprudence; qu'en effet, G.. n'avait pas à tenir compte du jeune âge des enfants qui pouvaient pénétrer dans la salle des dépêches ; qu'il pouvait à bon droit s'en rapporter aux soins et à la surveillance des parents pour les garantir contre leur propre inexpérience ; qu'il avait installé son appareil dans des conditions normales sans le faire actionner par aucun moteur; qu'il n'avait pas à prémunir les visiteurs contre un danger que la prudence la plus élémentaire leur permettait d'éviter ; que l'action de H.., tendant à la réparation du préjudice éprouvé par son fils, doit en conséquence être repoussée. » (1)

94. — Les marchands ou loueurs sont quelquefois aussi responsables du préjudice causé par leurs commis ou préposés à des tiers, et principalement aux clients de leur maison. Cette responsabilité, établie par l'art. 1384, al. 3, du Code civil, est limitée aux actes commis par le préposé dans l'exercice de ses fonctions (Voir *suprà*, n° 76). Il suffit, du reste, que l'acte dommageable se rattache à l'objet du mandat donné au préposé et se soit produit dans l'exercice de ce mandat. Peu importe qu'il constitue un abus des fonctions qui sont conférées à l'agent, que les ordres du maître aient été peut-être méconnus. La loi évidemment ne suppose pas la connivence de ce dernier : il serait alors responsable de son fait personnel et non plus seulement du fait d'autrui. (2)

Ainsi, lorsqu'un client remet un vélocipède à une

(1) Trib. civ. Seine, 25 novembre 1896 ; *Le Droit* du 8 janvier 1897.

(2) Sourdat, t. II, n° 888.

maison de construction pour le nettoyer ou le réparer, la maison est responsable de la dégradation de la machine causée par un commis inexpérimenté. Il en sera de même si la machine est confiée à un employé qui se trouve seul au magasin, en l'absence du patron.

95. — *Vis-à-vis des commis*, les marchands ou loueurs sont responsables des accidents arrivés à ces commis dans l'exercice de leurs fonctions, de la même manière que tout patron l'est vis-à-vis de ses ouvriers.

Nous rappelons que la jurisprudence fonde cette responsabilité sur l'art. 1382 du Code civil et met le fardeau de la preuve de la faute du patron à la charge de l'ouvrier. C'est donc au commis qui réclame des dommages-intérêts à prouver que son commettant est en faute.

96. — Mais le commettant ne saurait être responsable du préjudice éprouvé par un commis dans l'exécution d'un travail qui ne rentrait pas dans ses attributions : il n'y a là aucune faute de sa part. Ainsi, dans une espèce où un client d'un marchand de cycles ayant demandé à un apprenti de ce dernier de graisser la chaîne de sa bicyclette, celui-ci eut, au cours de l'opération de graissage, un doigt écrasé entre la chaîne et le pignon denté qui sert à la mise en mouvement, le tribunal de la Seine écarta justement la demande en paiement d'une somme de 15,000 francs dirigée par le père de l'apprenti contre le patron de celui-ci en réparation de l'accident :

« Attendu que le jeune M... a lui-même indiqué dans sa déposition que c'était en l'absence du patron et sur la demande du client qu'il avait procédé au graissage de la chaîne ;

» Attendu qu'aucune faute ne peut être reprochée à B.. qui n'avait pas chargé son apprenti d'exécuter une opération pour laquelle il n'avait aucune compétence ;

» Attendu que ce jeune homme, dont les fonctions se réduisaient pendant la période d'essai à faire les courses et à entretenir le magasin, n'avait jamais été employé par B.. à un travail quelconque dans l'atelier de réparation ; qu'il n'avait aucune connaissance de la mécanique ; qu'il aurait dû s'abstenir de déférer au désir que lui manifestait le client ; qu'il a, en procédant, sans ordre de son patron, au graissage d'une machine, commis une imprudence dont celui-ci ne peut être tenu de supporter les conséquences. » (1)

Section II. — *Dépositaires.*

97. — Les hôteliers et aubergistes peuvent être rendus responsables de la perte ou de la détérioration des vélocipèdes apportés chez eux par leurs clients.

L'art. 1952 du Code civil rend, en effet, les aubergistes ou hôteliers responsables, comme dépositaires, des effets apportés par le voyageur qui loge chez eux. Or, ce mot *effets* est générique et comprend non seulement les bagages du voyageur, mais tous autres objets mobiliers qu'il transporte avec lui,

(1) Trib. civ. Seine, 16 décembre 1896, *Gaz. des trib.* des 4 et 5 janvier 1897.

par exemple ses équipages. (1) Il comprend sans doute aussi les vélocipèdes.

98. — On décide généralement que la même responsabilité s'applique aux loueurs d'appartements meublés, aux restaurateurs, aux cafetiers et aux propriétaires de bains publics. (2) De sorte que toutes ces personnes pourront être rendues responsables de la perte ou de la détérioration des vélocipèdes apportés chez eux par leurs clients.

Cette solution a été, à tort suivant nous, contestée par une décision de justice de paix qui a décidé que les cafetiers et restaurateurs ne sont pas des dépositaires nécessaires, soumis aux dispositions des articles 1952 et 1953 du Code civil, et qu'en conséquence ils ne sont pas responsables du vol d'une bicyclette commis dans leur établissement. (3)

99. — La responsabilité des personnes dont nous venons de parler a lieu non seulement lorsque le fait dommageable a été causé par leurs préposés ou domestiques, mais même lorsqu'il a été causé par des étrangers allant et venant dans leur établissement (art. 1953, C. civ.), sauf, bien entendu, le recours de l'aubergiste ou hôtelier contre le tiers responsable.

---

(1) Rennes, 26 déc. 1833, *D. P.* 38, 2, 198. — Troplong, *op. cit.*, n° 217 ; Sourdat, t. II, n° 947.

(2) Duranton, t. XVIII, n° 78 ; Troplong, *Dépôt*, n° 228 ; Sourdat, t. II, n°s 936 et 939.

(3) Trib. paix Pontoise, 30 novembre 1892, *Monit. jug. paix*, 1893, p. 16.

Ainsi, il a été jugé, spécialement, que l'aubergiste est directement responsable vis-à-vis d'un voyageur qui a remisé son tricycle dans le bâtiment d'un hôtel, sur l'indication d'un préposé, bien que le dommage ait été causé par un tiers venant à l'hôtel, mais que ce tiers peut être déclaré garant, dans la proportion de sa faute ou de son imprudence, de la condamnation prononcée contre l'aubergiste. Et, lorsque ce tiers garant n'est lui-même que le préposé de quelqu'un, le commettant peut être déclaré civilement responsable. (1)

100. — Il n'est pas nécessaire pour que la responsabilité de l'hôtelier ou de l'aubergiste prenne naissance que le vélocipède ait été confié aux gens de l'hôtel ou de l'auberge, il suffit qu'il y ait été apporté. (2)

101. — Mais il faut qu'il y ait été apporté par un client de la maison, par un vélocipédiste qui loge (art. 1952) à l'hôtel ou à l'auberge, qui consomme au café ou au restaurant, qui se fait servir dans un établissement de bains, etc. La qualité de client chez le vélocipédiste est une condition indispensable de la responsabilité du patron de l'établissement.

Aussi doit-on approuver une décision d'après laquelle un aubergiste n'est pas responsable du vol, commis par un tiers, d'une bicyclette déposée chez

(1) Trib. paix Illiers (Eure-et-Loir), 27 octobre 1890 : *Monit. jug. paix*, 1891, p. 22.

(2) Sourdat, t. II, n° 941.

lui par un vélocipédiste qui n'a fait aucune dépense dans l'auberge : (1)

« Attendu que B. réclame à S... la somme de 200 francs pour la valeur d'une bicyclette que son fils mineur, le 23 juin dernier, aurait placée, du consentement du défendeur, dans l'écurie de ce dernier et qui en a été enlevée par une personne inconnue ;

» Attendu qu'à l'audience du 7 septembre dernier, M. le premier suppléant de la présente justice de paix a autorisé le demandeur à faire la preuve par témoins du dépôt que son fils aurait effectué du dit objet dans l'auberge et entre les mains de S..., en sa qualité d'aubergiste ou d'hôtelier ;

» Attendu qu'il a été procédé par nous, en notre audience publique du 5 du présent mois, aux enquête et contre-enquête ordonnées ;

» Attendu qu'il est résulté des dépositions de divers témoins que B. fils a demandé à S... la permission de remiser sa bicyclette dans l'écurie de celui-ci, permission qui lui a été accordée de suite ; mais qu'il ne s'est pas arrêté dans l'auberge ni au café qui en dépend et qu'il n'y a même pris aucune consommation ;

» Attendu qu'il est constant et reconnu par toutes parties que la bicyclette de B. fils a disparu par suite d'un vol et que B. a lui-même désigné à plusieurs témoins, qui en ont déposé, l'individu qu'il soupçonnait d'être l'auteur de cette soustraction ;

» Attendu que le demandeur cherche à rendre S... responsable de la perte ou du vol de sa machine, en le prenant en sa qualité d'aubergiste et en lui appliquant les dispositions rigoureuses de l'article 1952 du Code civil ;

» Attendu que, voulût-on considérer B. fils comme un voyageur et S... comme son logeur dans le sens de l'article

(1) Trib. paix Libourne, 26 octobre 1895 : *Gaz. des trib.* du 26 avril 1896.

précité, il est certain que la responsabilité du défendeur serait bien atténuée par la négligence de B. fils qui, après avoir placé sa bicyclette dans l'écurie de S... qu'il savait occupé dans son café, s'est abstenu de toute surveillance et s'est ainsi exposé au vol dont il a été victime ;

« Mais, attendu que S... n'a pas été le logeur de B. fils, que celui-ci n'a fait dans l'auberge du défendeur aucune dépense ; que S... n'a retiré aucun bénéfice du remisage de la bicyclette de B. fils dans son écurie, remisage qu'il a simplement autorisé sans aucune garantie expresse ou tacite ; qu'il faut donc voir dans la convention sociale intervenue entre les deux parties non un dépôt *nécessaire* réglementé par la section v du chapitre ii du titre xi du Code civil et plus spécialement par l'article 1952 dudit Code, mais tout au plus un simple dépôt *volontaire* prévu par la section ii du chapitre sus-visé ;

« Or, attendu qu'en matière de dépôt volontaire, le dépositaire n'est responsable que de sa faute lourde ; qu'il ne saurait l'être d'une faute très légère, telle que celle que l'on pourrait reprocher au défendeur, à supposer qu'il en ait réellement commis une ; que c'est donc sans fondement suffisant que le demandeur a dirigé contre S... la réclamation qui fait l'objet du procès ; que ses prétentions doivent être rejetées. »

102. — La loi ne fait exception à cette responsabilité que pour le cas de vol fait avec force armée ou autre force majeure. (Art. 1954, C. civ.)

103. — Il faut admettre, d'autre part, que cette responsabilité est atténuée en cas d'imprudence du voyageur, par exemple, dans le cas où le vélocipédiste aurait laissé sa machine sur la voie publique devant l'hôtel ou dans une dépendance de l'auberge accessible à tout le monde, sans au moins prévenir l'aubergiste ou ses gens. (1)

104. — L'action contre l'aubergiste ou hôtelier doit être portée devant le juge de paix. Celui-ci est, en effet, compétent en cette matière, sans appel, jusqu'à 100 francs, et, à charge d'appel, jusqu'à 1,500 francs. (Art. 2, loi du 25 mai 1838.)

SECTION III. — *Passants sur la voie publique.*

105. — En vertu du principe général posé par l'art. 1382 du Code civil, les passants sur la voie publique sont responsables des accidents survenus par leur faute ou leur imprudence aux vélocipédistes qu'ils rencontrent.

106. — Les cyclistes sont quelquefois victimes de la malveillance de gens qui jettent sur les routes des clous ou des débris de verre dans le but de crever les pneumatiques des vélocipèdes. Il y a là un fait coupable qui engage sans aucun doute la responsabilité de son auteur. La plupart du temps, l'auteur ne pourra pas être découvert et le vélocipédiste devra supporter les suites de l'accident, sans recours. Mais si cette découverte est possible, si le malfaiteur a été pris par exemple en flagrant délit, il

(1) Comp. Duranton, t. XVIII, n° 80 ; Sourdat, t. II, n° 945. — V. aussi le jugement précité du juge de paix de Libourne, du 26 octobre 1895. — Comp. toutefois : Paris, 13 septembre 1808, *S. chr.*; 14 mai 1839, S. 39, 2, 263.

pourra être condamné à une amende de 11 à 15 francs (art. 479, 1°, C. pén.) et à tous dommages-intérêts vis-à-vis du cycliste lésé.

107. — Les cas les plus fréquents d'accidents sur la voie publique sont dus à la collision des vélocipèdes avec des voitures ou des animaux.

Voitures. — La rencontre d'une voiture et d'un vélocipède est grave la plupart du temps pour le seul vélocipédiste et sa machine. Il s'agira de savoir si le conducteur est en faute et, s'il est en faute, quelle est l'étendue de sa responsabilité.

108. — Avant la réglementation de la circulation des vélocipèdes sur la voie publique, par les arrêtés préfectoraux du 29 février 1896 et l'ordonnance du préfet de police du 17 juin de la même année, la responsabilité des voituriers était moins lourde vis-à-vis des vélocipèdes que vis-à-vis des autres véhicules. L'on décidait généralement que le vélocipède ne pouvait pas, quant à la police du roulage, être assimilé à une voiture (*suprà*, n° 25). Il en résultait que le décret du 10 août 1852 ne s'appliquait ni contre les vélocipèdes ni en leur faveur. De sorte que lorsqu'un voiturier rencontrait un cycliste, il n'était pas tenu de prendre la droite de la route, et que s'il se produisait un choc causant un grave préjudice au vélocipède, le voiturier n'en était pas responsable, parce qu'il était considéré comme n'ayant commis aucune faute ou imprudence.

C'est ce qu'avait décidé notamment le tribunal de

Nancy, dans son jugement du 3 janvier 1896 (1) :

« Attendu qu'il résulte des faits et de tous les documents de la cause que B.. n'a commis aucune faute ou imprudence, ni aucune infraction aux lois, décrets ou règlements qui puissent le rendre responsable de l'accident survenu à P.. ; qu'en effet, en admettant, comme semble l'avoir constaté le témoin W.., qu'au moment de l'accident B.. tenait avec son attelage la gauche sur la route, il n'enfreignait pas ainsi les prescriptions du décret du 10 août 1852, dont l'article 9 n'oblige le conducteur d'une voiture à se ranger à droite qu'à l'approche d'une autre voiture ; qu'une bicyclette n'est pas une voiture et ne lui est pas assimilable ;

» Que l'accident est dû à la seule imprudence de P.. qui, en approchant de cet endroit où la route fait au sortir du pont un cercle assez prononcé, devait ralentir suffisamment pour qu'il lui fût possible de s'arrêter à la rencontre de la voiture que la disposition des lieux l'empêchait de voir arriver à quelque distance ;

» Attendu que P.. soutient vainement que, par application de l'art. 1385 du Code civil, B.. doit être déclaré responsable de l'accident causé par son cheval ; que l'enquête établit, en effet, que c'est par la roue de la voiture et non par un cheval que la bicyclette a été brisée, et que le bris eût-il été causé par le cheval, les raisons données ci-dessus empêcheraient également B.. d'être responsable. »

109. — La solution contraire avait été admise, mais avec plus de raison, par le tribunal civil de Versailles (2), lequel avait déclaré :

« Que si, jusqu'à présent, la jurisprudence a décidé que la bicyclette simple n'était pas une voiture, elle n'a donné

(1) S. 96, 2, 118 ; *Gaz. trib.* du 26 avril 1896 ; *La Loi*, 1897, p. 66.

(2) Jugement du 14 février 1896, *D. P.* 96, 2, 127 ; *Gaz. Pal.*, 16 février 1896 ; *Gaz. des trib.* du 26 avril 1896.

aucune justification de cette appréciation ; qu'elle semble même l'avoir émise timidement, puisqu'elle ne mentionne que la bicyclette simple ; qu'on ne sait au juste s'il faut entendre par là une bicyclette à deux roues par rapport aux autres vélocipèdes, ou bien une bicyclette mue par les pieds de l'homme, par comparaison à celles mues par l'électricité ou le pétrole ; qu'il n'y a aucune raison plausible de distinguer entre ces différents instruments de transport, suivant le moteur qui les fait agir ou suivant qu'ils sont montés sur deux roues ou sur un plus grand nombre, pas plus qu'on ne distingue, pour l'application du décret de 1852, entre les voitures mues par la vapeur, l'électricité ou le pétrole et les voitures traînées par des chevaux ou autres animaux, et entre le cabriolet et les autres voitures. »

Dans cette espèce d'ailleurs le tribunal avait débouté le vélocipédiste de sa demande en dommages-intérêts contre le voiturier, pour n'avoir pas fourni la preuve que ce dernier eût commis une faute, une négligence, une imprudence ou un fait quelconque qui le rendît responsable de l'accident.

110. — Mais, en dehors de la question de l'application du décret de 1852 et de la faute résultant de la violation des dispositions de ce décret, on n'hésitait pas à rendre le voiturier responsable des accidents résultant de son imprudence ou de sa faute.

111. — Depuis les arrêtés du 29 février et l'ordonnance du 7 juin 1896, la question est mieux réglée et les difficultés sont moindres. Aujourd'hui, on le sait, les obligations respectives des voituriers et des cyclistes sont clairement déterminées dans les art. 4 et 5 de ces textes. La non observation de leurs dispositions sera, pour les tribunaux, un élément d'appréciation de la faute et, partant, de la responsabilité.

Les voituriers et cavaliers doivent, à l'approche d'un vélocipède, prendre leur droite, en lui laissant un espace libre d'au moins 1m50 de largeur. Ils doivent prendre leur gauche lorsqu'ils veulent le dépasser (art. 5, al. 2). D'autre part, le vélocipédiste doit s'arrêter lorsqu'un cheval manifeste des signes de frayeur et, en général, dans les cas d'embarras sur la voie publique (art. 5, al. 3 et 4, *in fine*). Il est aussi prescrit aux cyclistes de prendre une allure modérée dans la traversée des agglomérations, ainsi qu'aux croisements et aux tournants des voies publiques (art. 4, al. 1).

112. — Lorsque le voiturier sera reconnu en contravention des dispositions qui précèdent, sa responsabilité sera engagée. Elle le sera surtout sans difficulté, s'il n'y a eu aucune imprudence de la part du vélocipédiste victime de l'accident.

Ainsi, le tribunal correctionnel d'Yvetot (1) a condamné à 100 francs d'amende pour blessures par imprudence et à une seconde amende de 6 francs pour contravention à la police du roulage, un voiturier dans l'espèce suivante :

Deux cyclistes rencontrèrent sur une route nationale la voiture d'un cultivateur. A l'approche de

(1) 5 août 1896, *Le Droit* du 9 août 1896. — Conf. Trib. civ. Melun, 26 mars 1897, *Gaz. Pal.* des 21-22 avril 1897.

la voiture, l'un d'eux fit des appels au moyen de l'appareil avertisseur adapté à sa machine ; mais le voiturier continua sa marche, tenant plutôt la gauche que la droite de la route. Le second cycliste se décida alors à passer à gauche ; mais ce mouvement effraya le cheval qui fit un écart par suite duquel le premier cycliste fut atteint par le brancard de la voiture, qui le blessa gravement et endommagea sa bicyclette.

113. — De même, le tribunal de commerce de la Seine (1) a décidé que le cocher qui, ne tenant pas sa droite et, par son mauvais vouloir, a causé la chute d'un cycliste, est responsable des conséquences de cette chute :

« Attendu qu'il est établi aux débats que le 25 juillet 1895, dans la matinée, le jeune T. B.., fils mineur du demandeur, passant à bicyclette au coin de l'avenue du Maine et de la rue de la Sablière vers laquelle il se dirigeait, a été accroché et renversé avec son vélocipède par une voiture conduite par V.. et venant en sens inverse ;

» Que, dans sa chute, ledit T. B.. s'est fracturé la jambe gauche ; que cette blessure a nécessité son séjour pendant trois mois à l'hôpital Cochin, et qu'il en a gardé une faiblesse persistante dans le membre blessé ;

» Que de plus sa bicyclette a été endommagée et a dû subir des réparations ;

» Attendu que B.. père, se présentant aux droits de son fils mineur, soutient que de tous ces faits il est résulté pour

---

(1) 18 juin 1896, *D. P.* 97, 2, 47, *Le Droit* du 22 juillet 1896 ; *Gaz. des Trib.* du 23 juillet 1896.

son fils un préjudice qui ne serait pas moindre de 1,500 fr., que la responsabilité en incomberait à V.., et que ce dernier lui devrait réparation d'égale somme ;

» Attendu que V.. soutient que sa voiture allait au pas et que c'est à la seule imprudence du bicycliste qu'il conviendrait d'attribuer la cause de l'accident ;

» Qu'au surplus, une bicyclette n'est pas une voiture et qu'il n'était pas tenu de se déranger pour lui laisser passage ;

» Mais, attendu que si une bicyclette n'est point une voiture et n'a point droit comme telle à la moitié de la chaussée, en cas de croisement, elle n'en est pas moins un véhicule de nature spéciale dont l'usage est reconnu par les lois, décrets et règlements, et qui est assimilé aux voitures quant aux obligations qui lui sont imposées ;

» Qu'il y a donc pour les voitures elles-mêmes, à titre de réciprocité, l'obligation de ne pas entraver le passage des vélocipèdes ;

» Que l'espace nécessaire à ce passage a été fixé à un minimum de 1 mètre 50 (arrêté préfectoral du 29 février 1896) ;

» Et attendu qu'en l'espèce il est établi par l'instruction et les témoignages recueillis en cours d'instance, que la voiture de V.. occupait le côté gauche de la chaussée, la roue gauche n'étant distante du trottoir que de 75 centimètres, alors qu'en cet endroit la rue a 7 mètres de large et qu'elle était entièrement libre ;

» Que cette position de la voiture de V.. constituait à elle seule une faute à la charge de ce dernier, comme contrevenant aux règlements de police qui prescrivent que les voitures doivent toujours tenir leur droite chaque fois qu'elles n'en sont point empêchées par une autre voiture ou un obstacle quelconque ;

» Qu'au surplus, il convient de remarquer que V.. aurait pu, par une manœuvre simple et facile, éviter l'accident, et que son mauvais vouloir a bien manifestement déterminé la chute du bicycliste, qui avançait à une allure modérée et à la place que lui prescrivent les règlements de police ;

» Que, dans ces conditions, la responsabilité pleine et entière de V.. est engagée et qu'il doit être tenu à la réparation du préjudice qu'il a causé ;

» Et attendu que de l'expertise médicale il appert que B.. fils a été mis dans un état d'incapacité absolue de travail pendant quatre mois et d'incapacité relative pendant deux mois ; qu'il souffrira longtemps encore du membre blessé ;

» Que le Tribunal, avec les éléments d'appréciation dont il dispose, fixe à 800 francs le montant du préjudice dont réparation lui est due ;

» Par ces motifs,

» Condamne V.. à payer à B.. père, ès-qualité qu'il se présente, la somme de 800 francs à titre de dommages-intérêts ;

» Le condamne, en outre, aux dépens. »

114. — De même encore, le tribunal correctionnel de la Seine a condamné le conducteur d'une automobile qui avait renversé un jeune cycliste, lequel était mort des suites de cet accident, à trois mois de prison et 6,000 francs de dommages-intérêts envers la mère de la victime, tout en lui accordant le bénéfice de la loi Bérenger. Le patron de l'auteur de l'accident fut déclaré civilement responsable du payement de l'indemnité. (1) Mais en appel, la Cour de Paris maintint la peine de trois mois de prison et réduisit le montant de l'indemnité à 1,000 fr. (2)

---

(1) Jugement du 14 décembre 1896 (inédit).

(2) Arrêt du 16 février 1897 (inédit). — Conf. Lyon, 31 mars 1897 (inédit).

115. — La responsabilité pénale du voiturier sera beaucoup plus gravement engagée si l'accident a été causé *volontairement* par lui. Dans ce cas, les art. 309 et suiv. du Code pénal recevront leur application et le voiturier sera condamné à la peine de l'emprisonnement pour une durée plus ou moins longue, suivant la gravité des blessures de sa victime.

C'est ainsi qu'un cocher coupable d'avoir lancé sa voiture à la poursuite d'un cycliste et de lui avoir causé des blessures ayant entraîné une incapacité de travail de moins de 20 jours a été, par application de l'art. 311 du Code pénal, condamné à deux années d'emprisonnement, 50 fr. d'amende et 2,000 fr. de dommages-intérêts. (1)

116. — Mais si, en même temps qu'il établit la faute du voiturier, le juge constate la faute ou l'imprudence du vélocipédiste, il a le droit d'apprécier les torts réciproques et de partager la responsabilité entre les parties.

C'est ainsi que si le voiturier qui, à l'approche d'un vélocipède, garde le milieu de la route au lieu de prendre la droite, commet une faute engageant sa responsabilité; ne commet pas moins une imprudence le bicycliste qui, comptant que le voiturier prendrait sa droite, comme il aurait dû le faire, s'engage entre deux voitures qui, à ce moment, ne lui laissaient pas entre elles un passage suffisant.

---

(1) Trib. corr. Seine, 15 septembre 1896 (inédit).

Dans de telles circonstances, la cour de Lyon (1) a décidé, « considérant : d'une part, que le vélocipédiste a reçu des blessures d'une certaine gravité, que le voiturier s'est rendu coupable du délit de blessures par imprudence, par inattention et par inobservation des règlements, prévu et puni par les art. 319 et 320 du Code pénal ; et, d'autre part, que le vélocipédiste a subi un préjudice important, qu'outre les blessures reçues par lui, sa bicyclette a été brisée ; mais qu'il a commis lui-même une certaine imprudence, » que ce dernier avait droit à une somme de 200 francs à titre de dommages-intérêts.

Par application de la même idée, le tribunal de la Seine (2) a jugé que, lorsqu'un cycliste est victime, dans un encombrement, d'un accident causé par une voiture, il y a lieu, pour l'appréciation des dommages-intérêts qui lui sont dus, de tenir compte de ce qu'il aurait pu, de son côté, en présence de l'encombrement, descendre de sa bicyclette.

Dans l'espèce, le cycliste réclamait à la compagnie des voitures la Métropolitaine 10,000 francs de dommages-intérêts, à raison d'un accident causé par un cocher de la dite compagnie, qui, au milieu d'un encombrement de voitures, avait voulu passer, bien qu'il n'y eût pas la place nécessaire. Appréciant les torts réciproques des parties, le tribunal a condamné

(1) Arrêt du 27 mars 1896, *Monit. jud. Lyon*, des 7-8 septembre 1896.

(2) Trib. civ. Seine, 6 février 1897, *La Loi* des 14-15 février 1897 ; *Gaz. Pal.* des 21-22 avril 1897.

la compagnie à payer au cycliste une somme de 400 francs. (1)

117. — D'une façon plus générale, le tribunal civil de Versailles (2) a décidé que la bicyclette, à raison de sa facilité d'évolution et des moyens d'action que possède son conducteur, ne saurait être assimilée à la voiture attelée, et que le bicycliste est astreint à une prudence, à une initiative qui ne peuvent être exigées d'un conducteur de voiture ; que, pour apprécier le degré de responsabilité incombant à chacun d'eux dans un accident dû à leur rencontre, les tribunaux doivent tenir compte de cette inégalité et de la différence existant entre les deux genres de véhicule.

En conséquence, le tribunal, tout en accordant 1,000 fr. de dommages-intérêts, au lieu de 10,000 fr. que demandait le vélocipédiste, a fait masse des dépens et en a mis les deux tiers à la charge du propriétaire de la voiture et un tiers à la charge du vélocipédiste.

Voici les motifs de cette intéressante décision :

« Attendu que la demande étant fondée non sur l'article 1385 du Code civil, qui établit une présomption de faute contre le propriétaire de l'animal cause d'un accident, mais sur les articles 1382, 1383, 1384 du même Code, visés dans l'exploit introductif de l'instance, le Tribunal a ordonné à la charge de R..., la victime, la preuve de ce fait « que l'ac-

---

(1) Conf. Trib. paix Peyruis (Basses-Alpes), 13 février 1892, *Monit. jug. paix*, 1892, p. 215.

(2) 31 mai 1895, *D. P.* 96, 2, 127 ; *Gaz. Pal.* 95, 2, *supp.*, 19 ; *Gaz. des trib.* des 30 septembre et 1er octobre 1895.

» cident du 2 mai 1893 était dû à l'imprudence de J..., le » propriétaire dont le cheval allait à une allure très vive »;

» Attendu que des procès-verbaux de police versés au débat, des enquête et contre-enquête et notamment de la déclaration de l'agent en observation en face le nº 156 du boulevard Exelmans, il résulte que, le 2 mai 1893, à une heure peu avancée de la soirée, six heures et demie ou sept heures et demie, le cheval de J..., attelé à une voiture, arrivait à un trot ordinaire, par l'avenue de Versailles, dans la direction de la barrière ; qu'à 15 mètres environ en avant du pont métallique du chemin de fer, effrayé par le sifflet de la locomotive ou le bruit du train passant sur le pont, il pointa et prit le galop, excité par plusieurs coups de fouet de son conducteur C...; qu'à ce moment, R..., monté sur une bicyclette, descendait le boulevard Exelmans à une allure ordinaire et traversait l'avenue de Versailles, quand, au croisement des deux voies, presque au milieu de la chaussée, il fut heurté par la tête du cheval que C... essayait en vain de maîtriser, renversé et froissé par les roues de la voiture sans avoir pu se détourner étant lancé ;

» Attendu qu'un certificat du docteur A... constate que R... est entré dans son service à l'hôpital Beaujon, le 2 mai, pour une fracture du maxillaire compliquée de plaie et une de l'humérus gauche et des plaies contuses multiples; qu'il en est sorti le 9 juin, la fracture maxillaire n'étant pas encore consolidée ;

» Qu'il a dû être réformé pour infirmités, suivant décision de la Commission spéciale à la date du 16 novembre 1893 ;

» Attendu que, si la jument de J... était, suivant le certificat d'un vétérinaire, exempte de tout défaut ou vice pouvant la prédisposer à s'emporter, il appartenait cependant à son conducteur de prendre quelques précautions dans le voisinage d'une ligne ferrée, sur laquelle la circulation des trains est si grande, en ne la remettant pas aussitôt au trot après la montée, en la faisant conduire à la main par la personne qui l'accompagnait dans la voiture, en la prévenant de la voix ; qu'en outre, C... a eu le tort de la frapper de plusieurs coups de fouet; qu'il n'y avait pas lieu de la corriger, puisqu'elle n'était pas vicieuse, ni de recourir à un moyen brutal pour lui faire reprendre son allure ordinaire, mais plutôt de la calmer et de descendre à cet effet de la voiture ;

» Que J... ne saurait invoquer, comme un cas fortuit, le passage d'un train de petite ceinture qui n'est qu'un événement périodique, facile à prévoir, contre la surprise duquel il était possible de garantir les yeux et les oreilles de la jument ;

» Attendu que R... lui reproche vainement de ne pas avoir observé les dispositions du décret du 10 août 1852 et l'article 475, 3° du Code pénal, qui prescrivent à tout conducteur de voiture de se ranger à sa droite à l'approche de toute autre voiture ; qu'en admettant que J... n'ait pas pris la droite, une bicyclette simple n'étant pas une voiture (Cass., 1er juin 1894), il n'avait pas à se ranger à son approche de ce côté de la voie ;

» Mais, attendu que si C... a commis une négligence et une imprudence dont son maître doit répondre, R... ne paraît pas absolument exempt de faute ; que, d'après l'un des témoins entendus au commissariat de police, il aurait eu grandement le temps de se garer ; que, d'après un autre déjà cité, il n'a pu se détourner, étant lancé ; que, d'après C... qui l'accompagnait, il devançait celui-ci d'une trentaine de mètres ; qu'il a sans doute manqué de coup d'œil et cru qu'en faisant un effort il passerait devant le cheval emballé ;

» Attendu que le bicycliste est tenu à une circonspection, à une prudence, à une initiative plus grandes que le conducteur de voiture ; qu'il possède un instrument léger qui obéit au moindre mouvement de la main ou du pied, occupe très peu de place sur les routes ; qu'il doit toujours en être maître, pouvoir ralentir, éviter un obstacle ; qu'il est loin d'en être ainsi de la voiture attelée ;

» Attendu que les tribunaux ont le devoir de tenir compte

de cette inégalité, pour apprécier les circonstances dans lesquelles s'est produit un accident causé par la rencontre d'un bicycle et d'une voiture attelée, et fixer le quantum des dommages-intérêts ;

» Attendu qu'il y a lieu, d'après les éléments que possède le tribunal, de fixer à 1,000 francs l'appréciation du préjudice dont a souffert R... »

118. — Lorsque, au contraire, aucune faute grave ne peut être imputée au voiturier, les suites de l'accident doivent rester entièrement à la charge du vélocipédiste.

Ainsi, dans une espèce où un accident avait été causé par la rencontre d'une voiture et d'une bicyclette, le tribunal civil de Lyon (1) a renvoyé le voiturier des fins de la poursuite en dommages-intérêts, parce qu'il était constaté qu'au moment de l'accident la voiture, qui allait à une allure modérée, longeait la voie des tramways, laissant libre, à sa gauche, un espace de 3 mètres 50, et que, d'autre part, aucune faute ne pouvait être relevée à la charge du voiturier :

« Attendu que l'espace laissé libre était plus que suffisant pour laisser passage à B..., d'autant plus que deux de ses camarades, montés comme lui sur des bicyclettes, venaient d'y passer sans aucune difficulté quelques minutes avant l'accident ;

» Attendu, au surplus, qu'on ne saurait assimiler, au point de vue des règlements de voirie, une bicyclette à une voiture ; que la différence de rapidité, de légèreté, de mo-

---

(1) 11 juillet 1894, *Gaz. Pal.* du 5 janvier 1895.

bilité de ces deux modes de locomotion, doit imposer aux conducteurs des devoirs quelque peu différents ; que le bicycliste est plus à même que le voiturier de se diriger rapidement d'un point à un autre, d'éviter les obstacles, de prendre des contours, comme aussi de modérer en temps opportun son allure, et qu'il est tenu à une circonspection, une prudence, une initiative individuelle plus grandes ;

» Attendu que la voiture de G.. se trouvait à peu près au milieu de l'axe d'une route de 8 mètres et qu'il était facile à un bicycliste quelque peu prudent et expérimenté de la croiser sans encombre, en ralentissant au moins son allure au moment du croisement. »

119. — On s'est demandé si la responsabilité des voituriers et des passants envers les cyclistes est la même non plus lorsque le vélocipède circule sur la voie publique, mais lorsqu'il se trouve placé le long du trottoir ou contre la devanture d'une boutique, à quelque distance de la voie publique.

Le fait de laisser ainsi sa machine est d'un usage constant chez les cyclistes et n'est condamné par aucun arrêté de police. Par conséquent, il ne constitue aucune contravention. On peut seulement se demander si le cycliste en agissant ainsi ne commet pas quelque imprudence.

120. — Au point de vue de la responsabilité des voituriers on est d'accord pour donner à cette question une réponse négative.

C'est ce qu'a décidé, pour la première fois, le juge de paix de Dijon. (1) Un cycliste avait laissé

(1) Trib. paix Dijon, 2 novembre 1895, *Gaz. des trib.* du 20 décembre 1895 ; *Mon. jud. Lyon* du 3 février 1896.

pendant quelques instants sa machine le long du trottoir ; un encombrement de voitures s'étant produit, la machine fut renversée et endommagée par un cheval attelé à une voiture. Le cycliste demanda contre le conducteur de la voiture, 50 fr. pour la réparation de sa machine et 50 fr. de dommages-intérêts. Celui-ci déclinait toute responsabilité en excipant d'un arrêté municipal interdisant aux voituriers d'abandonner, même momentanément, leur véhicule sur la voie publique. Le juge de paix de Lyon fit droit à la demande du cycliste, par les motifs suivants :

« Attendu que l'arrêté municipal relatif aux voitures visé par R... dans ses conclusions ne saurait être applicable dans l'espèce ; qu'il a été pris pour éviter les accidents occasionnés par les chevaux et voitures, qui, abandonnés à eux-mêmes, peuvent s'emporter ; qu'il n'y a aucune assimilation à faire par conséquent avec les bicyclettes et que l'usage pratiqué doit être respecté à titre d'usage local ;

» Attendu, au contraire, que R... aurait dû conduire son cheval avec toutes les précautions voulues pour n'occasionner aucun accident à la propriété d'autrui ; que s'il y avait encombrement, comme il le prétend, il aurait dû, suivant l'usage et les obligations imposées aux voituriers, s'arrêter et attendre que la voie fût dégagée ; mais qu'en accrochant une bicyclette sur la rue et la détériorant même involontairement, il a commis une faute dont il doit être déclaré responsable. »

121. — La même solution a été admise, dans des circonstances analogues, par le Tribunal civil de Blaye qui a condamné le voiturier à 100 francs de dommages-intérêts. (1) En première instance, le juge de paix de Bourg-sur-Gironde (2) avait renvoyé le voiturier des fins de la poursuite, par cette raison qu'en ralentissant la marche de sa voiture dans un passage difficile, il avait pris toutes les précautions de nature à éviter l'accident et que, dès lors, il n'avait commis aucune faute, et qu'au contraire, le vélocipédiste ayant laissé sa bicyclette sur le bord de la voie publique, dans l'endroit le plus étroit de la ville de Bourg, avait commis une imprudence qui avait seule occasionné l'accident dont il se plaignait. Sur appel, le Tribunal civil de Blaye a réformé la décision :

« Attendu qu'il est démontré par les faits et même par les enquêtes qu'en face le café Huchet la rue a une largeur de 5 mètres et qu'on y remarque une chaussée destinée aux voitures, un caniveau de 50 centimètres et un accotement d'une largeur de 80 centimètres destiné aux piétons et servant de trottoir ;

» Attendu qu'aucun arrêté municipal n'interdit aux bicyclistes de laisser stationner leurs machines sur ce dernier point ; que du reste pareille mesure serait vexatoire, puisqu'elle aurait pour effet d'obliger les particuliers à recevoir à contre-cœur, dans leurs maisons, des bicyclettes qui pourraient être déposées sur l'accotement sans faire obstacle à la libre circulation des voitures sur la chaussée ;

» Attendu qu'il est parfaitement établi que la bicyclette dont il s'agit avait la roue de derrière appuyée contre la devanture du café et la roue de devant placée au travers

(1) 18 novembre 1896, *Gaz. Pal.* des 14-15 février 1896.

(2) 15 novembre 1895, *Gaz. des trib.* du 22 janvier 1896 ; *La Loi*, 1897 p. 71.

contre l'extrémité d'un banc à 25 ou 30 centimètres du caniveau; qu'elle n'avait pas, dès lors, dépassé les limites de l'accotement;

» Attendu qu'en la faisant stationner de la sorte, L... usait d'un droit incontestable qui nécessitait l'application de ce principe : *Nemo damnum facit qui jure suo utitur ;*

» Attendu qu'il résulte de l'ensemble des dépositions recueillies que C... a fait passer sa voiture à 80 centimètres d'une charrette stationnant en face du café Huchet; qu'à ce moment, voyant qu'il s'écartait trop et s'exposait à quitter la chaussée, il a cherché à ramener ses chevaux à droite, mais que, malgré ses efforts, la voiture a chassé des roues de derrière, glissé dans le caniveau et pris tardivement la bonne direction en frôlant la devanture du café et heurtant la machine;

» Attendu que l'examen des lieux démontre que C... avait toute la place nécessaire pour passer sans sortir de la chaussée ;

» Attendu que les chevaux allant au pas il était bien facile d'éviter tous ces obstacles ; qu'il fallait dans ces conditions attribuer toutes les avaries faites à la maladresse et à la négligence du conducteur ;

» Attendu qu'aux termes de l'art. 1383 C. civ., chacun est responsable du dommage qu'il a causé par son fait, mais encore par sa négligence ou par son imprudence ;

» Attendu que l'examen de la bicyclette permet de fixer équitablement le quantum du préjudice causé ;

» Attendu que les maîtres et commettants sont responsables du dommage causé par leurs domestiques et préposés dans les fonctions auxquelles ils ont été employés ; qu'ainsi la responsabilité de L... ne peut être contestée. »

122. — Mais à un autre point de vue, le vélocipédiste, qui laisse sa machine au bord du trottoir, commet une véritable imprudence. Il s'expose, en effet, à se la voir enlever par un voleur. Le cas est assez fréquent pour être signalé à l'attention des intéressés.

La bicyclette volée sera la plupart du temps définitivement perdue pour son propriétaire ; rien de plus facile pour le voleur que de la monter et de disparaître. Mais si le voleur est pris en flagrant délit ou qu'ayant conservé la machine pour son usage personnel elle soit retrouvée en sa possession, il sera puni des peines prévues par la section 1re du chap. II (liv. III, tit. II) du Code pénal. C'est ainsi que le Tribunal correctionnel de la Seine a condamné à deux mois de prison deux charbonniers coupables d'avoir soustrait et caché au fond d'un camion qu'ils conduisaient une bicyclette appuyée à la bordure d'un trottoir et qui prétendaient l'avoir crue abandonnée ou perdue. (1)

123. *Animaux.* — Parmi les animaux, les plus dangereux ennemis des cyclistes sont les *chiens*, qui ont la fâcheuse habitude de poursuivre tous les véhicules, et que les vélocipèdes ont particulièrement le don de mettre en fureur.

Il est tout d'abord certain que le vélocipédiste poursuivi par un chien a le droit d'écarter l'animal par tous les moyens possibles, de le frapper et même de le tuer, s'il croit sa vie en danger. Certes, le chien est un animal domestique que la loi défend de

(1) Trib. corr. Seine, 9 février 1897, *Paris-Vélo* du 10 février 1897.

tuer (art. 30, tit. II, loi des 28 septembre-6 octobre 1791, et art. 454 du Code pén.), mais cette prohibition disparaît, en cas de légitime défense. (1) Il en résulte que dans le cas où un vélocipédiste blesse ou tue un chien qui l'attaque, il doit, pour échapper à toute réclamation de la part du propriétaire de l'animal, faire la preuve qu'il était en état de légitime défense. (2)

124. — Non seulement, dans ce cas, le vélocipédiste échappe à toute réclamation de la part du propriétaire de l'animal, mais il peut recourir contre ce dernier en dommages-intérêts pour le préjudice que le chien a pu lui causer. (3)

125. — Au surplus, le propriétaire du chien qui a attaqué un vélocipédiste encourt une amende de 6 à 10 francs (art. 475, 7°, C. pén.), alors même qu'il n'en serait résulté aucun mal pour le vélocipédiste lui-même ou que celui-ci n'aurait éprouvé qu'un dommage minime.

Application de cette règle a été faite par un juge de paix à une personne dont le chien avait attaqué un vélocipédiste et lui avait arraché un morceau de sa vareuse, et qui s'est vu condamner à 6 francs d'amende et aux dépens. Dans l'espèce, le cycliste avait refusé de demander des dommages-intérêts. (4)

---

(1) Sourdat, t. II, n° 1418.
(2) Trib. Le Vigan, 20 mai 1892, *Monit. jug. paix*, 1892, p. 348.
(3) Sourdat, t. II, n° 1419.
(4) Trib. pol. Froissy (Oise), 7 août 1891, *Monit. jug. paix*, 1891, p. 360.

126. — La responsabilité civile du propriétaire ou possesseur de chiens est écrite dans l'art. 1385 du Code civil. Elle est basée sur la faute de la personne qui n'a pas su bien garder l'animal qui était sous sa surveillance. La loi présume la faute du propriétaire ou du possesseur et, bien que cela soit controversé, l'opinion générale admet que la preuve contraire n'est pas possible à l'encontre de cette présomption (1), à moins, bien entendu, d'un cas fortuit, de force majeure ou même d'une faute de la part de la personne lésée. (2)

127. — Il a été jugé, spécialement, que le propriétaire d'un chien qui le laisse aboyer et courir après un vélocipède est responsable de l'accident qui arrive sur ces entrefaites au vélocipédiste, s'il est constant que ce dernier est suffisamment expérimenté et qu'il n'apparaisse point d'autre cause de l'accident. L'auteur de cet accident ne peut se prévaloir de ce que le vélocipédiste se trouvait alors sur le bas-côté de la route, lorsque lui-même occupait la chaussée avec une charrette qu'il n'avait pas pu garer assez vite parce qu'il était monté sur ses chevaux. (3)

128. — Par application des mêmes principes, le Tribunal civil de Vesoul a condamné le propriétaire d'un chien qui avait causé la chute d'un cycliste à 160

---

(1) V. les autorités citées par Sourdat, t. II. n°s 1429 et suiv. Cet auteur professe toutefois l'opinion contraire.

(2) Comp. Cass., 9 mars 1886, S. 86, 1, 244.

(3) Trib. paix Roye (Somme), 23 juin 1893, *Monit. jug. paix*, 1893, p. 356.

francs de dommages-intérêts envers ce dernier, en constatant que celui-ci n'avait pas contrevenu aux règlements sur la circulation des vélocipèdes :

« Attendu, en droit, dit le jugement, qu'aux termes de l'art. 1385 Code civ., le propriétaire d'un animal ou celui qui s'en sert pendant qu'il est à son usage est responsable du dommage que l'animal a causé ; que cet article établit à l'encontre du propriétaire de l'animal une présomption qui ne peut fléchir que devant la preuve, dûment administrée par lui, d'un cas fortuit, d'une force majeure ou d'une faute imputable à la personne qui a subi le dommage ;

» Attendu, en fait, d'après les résultats de l'enquête, que X... a fait une chute de bicyclette occasionnée par un chien appartenant à Y...; qu'il est établi par l'enquête que ce chien s'est jeté devant la bicyclette de X..., qui l'a heurté, ce qui a produit la chute de ce dernier ; qu'en administrant la preuve de ce simple fait, X... a satisfait à la seule obligation lui incombant d'après l'article 1385, savoir : démontrer que l'animal est la cause de l'accident et que Y... est son propriétaire ; que ce dernier, pour se décharger de tout ou partie de la responsabilité pesant sur lui, en vertu de la présomption rigoureuse de la loi, est tenu à son tour de prouver une faute ou une imprudence imputables à X...; qu'il ne fait pas cette preuve ; que, s'il est démontré que le chien est d'un naturel très doux et ne poursuit pas d'habitude les voitures ou les vélocipèdes, il n'en demeure pas moins acquis aux débats que, pour une cause ou pour une autre, il s'est jeté sur la bicyclette de X..., qui n'a pu l'éviter ;

» Attendu que le demandeur n'a pas contrevenu aux règlements sur la circulation des vélocipèdes ; qu'il marchait à une allure ralentie et moderée, à la droite de la route, et ne faisait pas partie d'un groupe, n'ayant à proximité de lui qu'un seul compagnon ; qu'il a toute l'expérience voulue pour bien conduire et diriger une bicyclette dont il fait usage depuis plus d'une année, et que, dans ces conditions, on ne voit pas que Y... ait établi à son encontre une faute quelconque ; que, tout en admettant la nature paisible et même craintive de l'animal, la responsabilité de son propriétaire se trouve engagée ;

» Attendu, en outre, qu'aujourd'hui la circulation des vélocipèdes est réglementée par des arrêtés qui les assimilent à peu de chose près aux voitures ; que ce mode de locomotion facile est chaque jour pratiqué davantage ; que tout en exigeant des cyclistes, à raison de la nature essentiellement mobile de leurs instruments, la plus grande prudence pour éviter, surtout dans les routes fréquentées, des rencontres inopinées avec les piétons ou les animaux, il devient de plus en plus obligatoire pour les propriétaires de chiens de surveiller attentivement, et au besoin de rappeler auprès d'eux, à l'approche de ces vélocipèdes, ces animaux qui, par leur va-et-vient incessant ou leur tendance à poursuivre les véhicules, constituent une cause d'accidents fréquents ; qu'il semble que cette surveillance n'ait pas été suffisamment exercée dans l'espèce. » (1)

129. — Dans la même hypothèse, la responsabilité pénale du propriétaire du chien peut se trouver en jeu, par application de l'article 320 ou simplement de l'article 475, § 7, C. pén. C'est ainsi que le Tribunal correctionnel de Vannes (2) a, par un jugement du 30 octobre 1895, condamné à 6 francs d'amende et à quatre jours de prison un individu qui avait laissé son chien courir après un cycliste et le renverser. (Conf. *suprà*, n° 125.)

---

(1) Trib. civ. Vesoul, 24 juin 1896, *La Loi*, 1897, p. 624; *Gaz. Pal.* des 30, 31 août et 1er sept. 1896. — V. aussi Dijon, 21 août 1894, *Gaz. Pal.*, 1894, 2, 61, note et renvois. — Trib. com. Seine, 26 décembre 1894, *Gaz. Pal.*, 95, 1, 253 ; 7 mars 95, *ibid.*, p. 555.

(2) Jugement inédit.

130. — Il en sera ainsi à plus forte raison lorsque le maître du chien l'aura, lui-même, excité contre le vélocipédiste.

131. — Le maitre du chien sera responsable personnellement, non seulement lorsque le chien sera sous sa garde, mais aussi lorsqu'il sera sous la garde de son domestique, de son commis ou préposé. Si celui qui conduit l'animal n'est ni le commis ni le préposé du propriétaire, la responsabilité passe de la tête de ce dernier sur celle du possesseur actuel.

132. — La responsabilité du maître ou du possesseur s'étend à toutes les suites de l'accident causé par le chien. Si, par exemple, la morsure faite à un vélocipédiste provient d'un chien enragé, le maître ou le possesseur du dit chien pourra être condamné à indemniser le vélocipédiste de toutes les dépenses que lui aura occasionnées cette morsure. (1)

133. — Mais si l'accident arrivé au vélocipédiste est dû beaucoup plus à sa faute, son imprudence ou son inexpérience qu'à la faute du propriétaire ou du possesseur du chien, aucune indemnité ne pourra être demandée à ce dernier. (2)

Il en sera de même quand l'accident aura été occasionné par un fait imprévu qui a effrayé ou surexcité le chien, et en général par un cas fortuit ou une force majeure. (3)

---

(1) Comp. Sourdat, t. II, n° 1439.

(2) Sourdat, t. II, n° 1442.

(3) Trib. paix Carvin (Pas-de-Calais), 2 novembre 1893, *Monit. jug. paix*, 1894, p. 27.

La même solution doit être admise, à plus forte raison, si le chien a été provoqué par le vélocipédiste qui a été victime de l'accident. (1)

134. — Le chien peut avoir été provoqué ou excité par un tiers, celui-ci sera alors responsable. (2) Mais cette responsabilité du tiers n'exclura pas toujours celle du maître ou possesseur de l'animal. Il peut se faire que celui-ci soit également en faute pour n'avoir pas pris, par exemple, les précautions nécessaires pour éviter que sa bête soit provoquée. Si sa faute ou sa simple imprudence est reconnue, il pourra être condamné aux dommages-intérêts solidairement avec le tiers provocateur. (3)

135. — Les accidents des cyclistes peuvent encore être dus à d'autres animaux ; les principes seront les mêmes que lorsqu'il s'agit des chiens. C'est ainsi qu'il peut arriver qu'un vélocipédiste rencontre des animaux en bande, un troupeau de moutons ou de bœufs, par exemple, et que l'encombrement de la route par le troupeau soit la cause d'un accident. La responsabilité de cet accident tombera sur le gardien et le propriétaire du troupeau. Mais, en vertu même des principes qui ont été exposés, le vélocipédiste doit, à l'approche d'un troupeau, modérer sa marche ou même descendre de sa machine, sous peine de se voir reprocher une imprudence qui lui

(1) Sourdat, t. II, n° 1446.

(2) Conf. Caen, 7 novembre 1873, *D. P.*, 74, 1, 95.

(3) Sourdat, t. II, n° 1443.

ferait perdre le droit de demander des dommages-intérêts.

C'est ce qui a été jugé dans l'espèce suivante :

« Attendu qu'il est établi par les débats que la domestique de M... n'a pas essayé de rassembler ses vaches éparpillées sur la route, lorsqu'elle a vu arriver H..., essai que la distance lui permettait au moins de tenter ;

» Attendu que les débats ont également établi que H..., s'il ne marchait pas à une vitesse très accélérée, allait cependant assez vite pour ne pouvoir être le maître de sa vitesse, ni s'arrêter et descendre au besoin, en cas de rencontre fâcheuse, choses que la prudence lui commandait de faire en croisant un troupeau de vaches ;

» Attendu qu'il est constant, en effet, que ces animaux n'ont pas l'instinct de se garer et que l'on voit, tous les jours, des conducteurs de voitures être forcés de s'arrêter et de faire déranger les dits animaux qui, sans cette précaution, viendraient se jeter sous les brancards ou contre les roues des voitures et même se frapper contre les chevaux ;

» Attendu que rien ne saurait exonérer les bicyclistes des règles de prudence imposées aux conducteurs de voitures, toutes proportions gardées, du reste ;

» Attendu que la bicyclette, eût-elle été réellement brisée par un coup de pied de la vache, comme le prétend H..., cette ruade, mouvement de défense instinctive de l'animal touché et blessé, n'augmenterait pas la responsabilité de M... » (1)

---

(1) Trib. paix Heuchin (Pas-de-Calais), 16 octobre 1895, *Monit. jug. paix*, 1896, p. 60 ; *La Loi*. 1897, p. 264 ; *Monit. jud. Lyon* du 26 mars 1896.

CHAPITRE IV

Transport des vélocipèdes.

136. — Nous avons déjà dit en étudiant les obligations qui incombent aux vélocipédistes (*suprà*, nos 29 et suiv.), quels sont les droits à payer pour le transport des vélocipèdes, soit par chemins de fer, soit par tout autre moyen.

Il faut maintenant examiner la responsabilité du voiturier qui accepte de transporter un vélocipède. Le principe en est inscrit dans l'art. 1784 du Code civil, qui rend les voituriers par terre et par eau responsables de la perte ou des avaries des choses qui leur sont confiées, à moins qu'ils ne prouvent qu'ils les ont perdues et avariées par cas fortuit ou force majeure. Cette règle est également appliquée par l'art. 103 du Code de commerce, qui écarte la responsabilité pour avaries résultant du vice propre de la chose. (1) Le voiturier est également responsable du retard apporté dans le transport de la chose à lui confiée, à moins de force majeure (Art. 104, C. com.).

137. — Ces différentes règles doivent s'appliquer au transport des bicyclettes dans les *bacs*. Les cyclistes se plaignent souvent, à bon droit, de la défectuosité

---

(1) Trib. com. Bergerac, 25 novembre 1895, *Gaz. Pal.* du 3 janvier 1896; *Monit. jud. Lyon* du 5 février 1896; *Jurisprud. Nantes*, 95, 2, 57; *Journ. arr. Bordeaux*, 96, 2, 38.

de ce transport ; il serait peut-être utile de rappeler aux concessionnaires des bacs qu'ils sont régis par les principes qui précèdent.

138. *Chemins de fer.* — Bien que la responsabilité des compagnies de chemins de fer pour le transport des cycles soit, en principe, la même que celle des autres voituriers, il convient d'étudier de près les applications qui en sont faites dans la pratique.

139. — Les compagnies de chemins de fer sont, en règle générale, responsables de la perte des vélocipèdes qui leur sont confiés. Elles doivent, dans ce cas, la valeur de la machine et des dommages-intérêts, s'il y a lieu. La valeur de la machine perdue sera établie par la preuve testimoniale, même au-dessus de 150 francs, parce que le récépissé de la compagnie constitue un commencement de preuve par écrit (art. 1347, C. civ.). (1)

140. — L'obligation pour les compagnies de chemins de fer de veiller à la conservation des vélocipèdes qui leur sont confiés prend naissance dès que le vélocipède a été remis à un agent de la compagnie, avant même qu'il ait été enregistré ; il y a, en effet, dans cette remise un dépôt nécessaire. Il a été plusieurs fois jugé que la perte des colis d'un voyageur, remis à un employé et disparus pendant qu'il allait prendre son billet au guichet, engageait la responsabilité de la compagnie. (2) Cette solution

(1) Sourdat, t. II, nos 1001 et suiv.

(2) *Pand. franç.*, V° *Chemins de fer*, n° 5266.

s'applique bien entendu quand les colis sont des vélocipèdes.

141. — Les compagnies sont aussi responsables des avaries survenues aux vélocipèdes en cours de route (1) et même du simple retard apporté à leur livraison. (2)

142. — Mais si ces principes sont certains, des difficultés particulières résultent de ce genre de transport. La première difficulté est relative à l'*emballage*. Les vélocipèdes sont d'ordinaire transportés, lorsqu'ils voyagent avec leur propriétaire, sans aucune sorte d'emballage. Les compagnies peuvent-elles refuser de les accepter pour cette raison ? L'affirmative n'est pas douteuse. L'art. 46 des dispositions générales des tarifs généraux de grande vitesse porte : « Les compagnies ne sont pas tenues d'accepter les marchandises que le commerce est dans l'usage d'emballer. » Or, on pourrait dire que l'usage n'étant pas d'emballer les vélocipèdes qui voyagent avec leur propriétaire, les compagnies ne peuvent refuser un vélocipède non emballé. Mais la solution contraire est généralement admise, parce que la responsabilité pour avaries qui pèse sur les compagnies serait trop lourde si elles n'avaient pas le moyen de s'en prémunir. (3)

---

(1) Trib. paix Valence, 26 nov. 1895, *Monit. jug. paix*, 1896, p. 211.

(2) Trib. paix Longjumeau (Seine-et-Oise), 30 octobre 1895, *Monit. jug. paix*, 1896, p. 81. — Trib. civ. Pontarlier, 14 janvier 1897 (inédit), le tribunal statuant commercialement.

(3) Trib. civ. Figeac, 12 août 1896, *Le Droit* du 14 août 1896. —

143. — Mais la compagnie qui accepte d'enregistrer un vélocipède non emballé sans aucune réserve ne peut, ensuite, en prétextant le défaut d'emballage, se refuser au paiement d'une indemnité pour avaries survenues en cours de route. En acceptant le vélocipède, la compagnie « commet une faute dont elle doit subir les conséquences ». (1) Le défaut d'emballage ne peut donc être considéré par la compagnie comme un vice propre de la chose. Toutefois, s'il est des avaries résultant nécessairement du défaut d'emballage, elle peut, pour ces seules avaries, invoquer utilement l'exercice du vice propre de la chose.

Ces différentes solutions ont été clairement posées par le tribunal civil de la Seine, dans le jugement suivant : (2)

« Attendu que, le 11 janvier 1896, la demoiselle C..., voyageant de Nancy à Paris, avait remis sa bicyclette non emballée aux bagages; qu'elle a constaté, à son arrivée, que sa machine avait subi diverses détériorations, et qu'elle a refusé d'en prendre livraison, sans que la Compagnie de l'Est ait effectué les réparations nécessaires pour la remettre en parfait état; que la compagnie défenderesse s'est, de son côté, refusée à donner satisfaction à la demanderesse et a décliné toute responsabilité à raison du défaut d'emballage;

Comp. Lyon-Caen et Renault, *Traité de droit commercial*, t. III, nos 621 et 773; Sourdat, t. II, nos 1000 et 1077, et les autorités citées.

(1) Trib. com. Dijon, 4 décembre 1894, *Gaz. Pal.*, 94, 2, 760. — Trib. com. Bernay, 22 novembre 1895 : *La Loi*, 1897, p. 139; *Gaz. Pal.* du 3 janvier 1896 ; *Monit. jud. Lyon* du 29 janvier 1896 ; *Jurisp. Nantes*, 95, 2, 57.

(2) 6 juillet 1896, *Le Droit* du 13 août 1896.

» Attendu que, les choses se trouvant en l'état, la demoiselle C... a actionné la Compagnie de l'Est en paiement : 1° d'une somme de 450 fr. représentant la valeur de la bicyclette avant l'avarie ; 2° d'une autre somme de 500 francs pour le préjudice que lui aurait causé la privation de jouissance, et la différence de prix à parfaire entre la valeur de la machine au moment de l'accident et le prix d'achat d'une nouvelle bicyclette ;

» Attendu qu'en principe, et aux termes de l'article 103, C. com., le voiturier est garant des avaries autres que celles qui « proviennent du vice propre de la chose ou de la force majeure » ; qu'il lui appartient donc d'établir que les détériorations dont se plaint l'expéditeur sont le résultat d'un vice de la chose transportée ;

» Attendu que la Compagnie de l'Est croit trouver ce vice propre de la chose dans l'absence d'emballage et la délicatesse des organes de la bicyclette ;

» Mais, attendu que ce moyen de défense ne serait admissible qu'autant que la bicyclette ne peut être transportée non emballée par voie ferrée et être soumise soit aux manipulations des employés et hommes d'équipe, soit aux trépidations et aux chocs du train, sans éprouver les dégâts qui ont été constatés à l'arrivée ;

» Attendu que la Compagnie ne rapporte pas cette preuve ; qu'il est au contraire constant et établi par la fréquence des expéditions du même genre qui s'opèrent sans accident, que le défaut d'emballage et la conformation des bicyclettes ne les exposent pas par eux-mêmes et par eux seuls à la plupart des avaries signalées par la demoiselle C... et reconnues par la Compagnie de l'Est ; que si cette dernière peut se prévaloir du vice propre de la chose en ce qui concerne la dégradation de l'émail et autres détériorations superficielles, qu'on doit considérer comme étant le résultat pour ainsi dire nécessaire du défaut d'emballage, elle ne saurait présenter la même excuse pour les rayons brisés, la jante faussée ;

» Attendu qu'il n'échet de rechercher avec la Compagnie défenderesse si, comme elle le soutient, tirant argument de l'article 46 du tarif général des transports à grande vitesse, elle n'était pas tenue d'accepter non emballée une machine que le commerce est dans l'usage d'emballer, et si, en le faisant, elle n'a pas rendu à la demanderesse un service gracieux qui la déchargerait du fardeau de la preuve et mettrait à la charge de son adversaire au procès l'obligation de démontrer qu'il y a eu faute de sa part et quelle est la nature de cette faute ;

» Attendu que la Compagnie a, en fait et sans réserve, consenti à transporter le colis qui lui était confié, dans l'état où il se trouvait ; qu'elle a agi comme voiturier et s'est par conséquent soumise aux obligations du voiturier ;

» Qu'en l'absence d'une stipulation expresse, dont le tribunal aurait alors à apprécier la légitimité, on ne saurait trouver dans ce que la Compagnie considère comme une complaisance un motif de dérogation aux principes généraux qui régissent le contrat de transport ;

» Attendu, en conséquence, que la Compagnie doit être déclarée responsable de la plus grande partie des avaries survenues en cours de route à la bicyclette de la demanderesse ;

» Attendu, toutefois, que c'est à tort que cette dernière entend comprendre dans le montant des dommages et intérêts auxquels elle peut légitimement prétendre le coût d'une nouvelle bicyclette ; que rien ne s'oppose à ce qu'elle conserve la machine détériorée et dont les dégâts peuvent être facilement réparés ; qu'il suffira donc, à ce point de vue, de lui allouer une somme suffisante pour remise en état et dépréciation de la bicyclette litigieuse ;

» Attendu, en ce qui concerne le préjudice qu'aurait causé à la demoiselle C... la privation de jouissance, qu'il appert des renseignements fournis au Tribunal et des documents versés aux débats que, sur le refus de la Compagnie de l'Est de faire droit aux justes réclamations de la demanderesse qui l'avait sommée, à la date du 30 janvier 1896, de faire exécuter les réparations nécessaires, la demoiselle C... a dû louer une autre bicyclette et qu'elle a été, de ce chef, exposée à des frais dont elle est fondée à poursuivre le remboursement ;

» Attendu qu'en tenant compte des divers éléments ci-dessus spécifiés, le Tribunal est amené à fixer à la somme de 250 francs le chiffre des dommages et intérêts incombant à la Compagnie défenderesse. » (1)

144. — Une autre difficulté beaucoup plus sérieuse est relative à la *clause de non-garantie*. Les compagnies de chemins de fer peuvent-elles stipuler qu'elles ne seront pas responsables des avaries survenues en cours de route aux vélocipèdes qui leur sont confiés? Sur la question générale de la validité de cette clause, la doctrine est divisée: quelques auteurs la tiennent pour valable (2), mais la majorité de la doctrine la déclare nulle, comme contraire à l'ordre public. (3) Cette dernière solution a été admise aussi par la jurisprudence jusqu'en 1874. Mais, depuis un arrêt de la Chambre des requêtes du 28 mai 1874, les tribunaux considèrent que si la clause de « non-garantie » est, en principe, nulle, elle a au moins l'effet de déplacer le fardeau

---

(1) V. dans le même sens : Trib. civ. Clermont-Ferrand, 30 octobre 1896 (inédit). — C'est aussi la solution de la jurisprudence Suisse V. Trib. Genève (Chambre commerciale), 25 février 1897, *Le Droit* du 2 avril ; *Monit. jud. Lyon* du 4 mai.

(2) Lyon-Caen et Renault, *Traité du droit commercial*, t. III, n° 626, et les autorités citées.

(3) Sourdat, t. II, n° 1079, et les autorités citées.

de la preuve. En droit commun, les compagnies de chemins de fer, comme tout voiturier, sont présumées en faute, elles sont responsables à moins de prouver le cas fortuit, la force majeure ou le vice propre de la chose : en vertu de cette clause, elles ne seront plus responsables que si l'intéressé prouve qu'elles sont en faute. (1)

Cette jurisprudence a été établie surtout à propos des tarifs spéciaux ; elle n'est pas très bien fixée lorsqu'on applique le tarif général.

145. — Aussi, spécialement en notre matière et pour des vélocipèdes voyageant comme bagages avec leur propriétaire, sous l'empire du tarif général, a-t-il été jugé tantôt que la mention de « non-garantie pour défaut d'emballage » est nulle, tantôt que la mention « sans garantie », imprimée sur le bulletin de bagage remis au voyageur, est valable, en ce sens qu'elle déplace le fardeau de la preuve.

146. — La première solution a été admise par le Tribunal de commerce de Bergerac (2), dans un jugement ainsi conçu :

« Attendu que le sieur C... réclame à la Compagnie d'Orléans : 1° une bicyclette qu'elle avait transportée pour son compte comme bagage ; 2° 200 francs de dommages-intérêts pour l'indemniser du préjudice subi à la suite d'une avarie survenue en cours de route à ladite machine et pour la dépréciation qui en est la conséquence ; 3° 100 francs pour privation de la machine depuis le jour de l'accident ; 4°

---

(1) *Pand. franç.*, V° *Chemins de fer*, nos 7177 et suiv.

(2) 25 novembre 1895, précité.

50 francs pour le retard qu'il a subi, ne pouvant se rendre le jour même à Lalinde ;

» Attendu que la Compagnie ne méconnaît pas le préjudice subi, mais qu'elle prétend qu'il a été considérablement exagéré, et qu'elle a complètement dégagé sa responsabilité en inscrivant la clause de « non-garantie pour défaut d'emballage » sur le bulletin de bagages ;

» Attendu qu'il est de principe et de jurisprudence que si la Compagnie a le droit d'insérer la clause de non-garantie quand on demande l'application de tarifs spéciaux plus réduits, il n'en est pas de même quand il s'agit de tarifs ordinaires ;

» Attendu, au surplus, que pareille clause ne décharge pas le voiturier de toute responsabilité, mais qu'elle ne fait que mettre le fardeau de la preuve à la charge de l'expéditeur, par dérogation à l'art. 103, C. com.;

» Attendu qu'il résulte des renseignements recueillis et du simple examen de la machine, que l'accident survenu n'a pas eu pour cause le vice même de la chose, mais bien la négligence ou l'imprudence des employés de la compagnie, qui l'avaient placée dans des conditions défectueuses dans le fourgon de bagages ;

» Attendu que les dégâts subis par la machine n'ont pas la gravité que leur attribue le sieur C... et sont de très minime importance ;

» Attendu toutefois qu'il y a lieu d'accueillir la demande du sieur C..., mais de la réduire à de justes proportions ;

» Par ces motifs,

» Dit que la Compagnie sera tenue de remettre la bicyclette dont s'agit au sieur C... dans les vingt-quatre heures du présent jugement et condamne la Compagnie à payer au sieur C... : 1° la somme de 10 francs pour lui tenir compte des avaries survenues à sa machine ; 2° celle de 5 fr. pour son séjour forcé à Bergerac et son retour à L...;

» Rejette comme non justifiées toutes autres conclusions et condamne la Compagnie à tous les dépens. »

147. — La seconde solution a été admise par le Tribunal civil de Figeac, jugeant commercialement, dans le jugement suivant (1) :

« Attendu, en fait, que la demande du sieur L... tend à faire déclarer la défenderesse responsable de l'avarie qui serait survenue à la bicyclette du demandeur pendant le trajet de Figeac à Assier, à la date du 25 juin dernier, et qu'il demande, pour le préjudice qui lui aurait été ainsi occasionné, une somme de 60 francs, représentant le coût de la réparation nécessaire pour remettre en état cet instrument, et celle de 200 francs pour la privation qu'il a subie ;

» Attendu qu'il est reconnu par toutes parties que le demandeur, à la date précitée, a remis, en gare de Figeac, comme bagage, une bicyclette, et qu'il a reçu de l'employé préposé à l'enregistrement des bagages, un bulletin portant au dos la mention « sans garantie »;

» Que c'est à la gare d'Assier que le demandeur, en retirant son véhicule, a fait remarquer que l'axe de la fourche avait été cassé, ce qui le mettait hors d'usage, et qu'il a refusé d'en prendre livraison, soutenant que la Compagnie défenderesse était de plein droit, en sa qualité de voiturier, responsable de l'avarie ;

» Attendu, en droit, que la bicyclette litigieuse étant dépourvue d'emballage, la Compagnie était fondée à ne l'accepter comme bagage que sous réserves, c'est-à-dire en se faisant dégager par avance de la garantie qui eut pesé sur elle aux termes des art. 98 et 103 C. com.;

» Qu'on soutient vainement sur ce point qu'une Compagnie de chemin de fer, tenue, par l'article 44 du cahier des charges, de transporter, sans supplément de prix, les bagages des voyageurs qui n'excèdent pas 30 kilogrammes, ne saurait imposer aux voyageurs aucune condition restrictive de ce droit au transport gratuit de leurs bagages,

---

(1) 12 août 1896, *Le Droit* du 14 août 1896.

et que, par suite, la réserve insérée sur le bulletin serait arbitraire, contraire aux tarifs généraux, qui sont d'ordre public, et devrait dès lors être réputée nulle et non avenue ;

» Qu'au surplus, fallût-il considérer la clause « sans ga-» rantie » comme valable en principe, elle devrait encore être réputée sans portée utile dans l'espèce, n'ayant point fait l'objet d'une acceptation de la part du demandeur qui a pris le bulletin tel qu'on le lui remettait en échange de son bagage ;

» Attendu, en effet, tout d'abord, que rien ne permet de décider qu'une Compagnie de chemin de fer n'ait pas la faculté de refuser le colis d'un voyageur, lorsque son emballage présente des défectuosités, ou que la nature particulièrement fragile de ce colis rendant un emballage nécessaire, on le lui remet sans qu'il en soit muni ;

» Que décider le contraire serait à la fois illégal et profondément injuste ;

» Qu'au surplus, la jurisprudence et la doctrine ont de tout temps admis, en pareil cas, la validité de la clause de non garantie ;

» Attendu, sur l'exception tirée de la rédaction unilatérale de cette clause et du prétendu défaut d'acceptation du sieur L..., que l'acceptation peut être tacite ;

» Qu'il n'est pas douteux, comme le soutient la défenderesse, que le bulletin de bagages remis à un voyageur ne doive être considéré comme le titre de ce voyageur contre la Compagnie transporteur et que, dès lors, ce titre ne peut être arbitrairement scindé par son bénéficiaire qui peut se le voir opposer avec toutes ses clauses ou modalités, tel en un mot qu'il lui a été remis et qu'il l'a volontairement reçu ;

» Attendu, en conséquence, qu'il convient de décider que la Compagnie d'Orléans ne saurait être tenue vis-à-vis du sieur L... que de la responsabilité de droit commun établie par les articles 1382 et suivants du Code civil, et non point de la responsabilité spéciale du voiturier, dont elle s'est valablement dégagée par l'insertion sur ce bulletin de la clause de « non garantie » ;

» Attendu, par suite, que c'est au sieur L... à établir que la Compagnie défenderesse a commis, dans le transport de la bicyclette qu'il lui a confiée, une faute, négligence ou imprudence qui aurait eu pour résultat direct l'avarie de son véhicule et qu'il devra, au préalable, établir que la bicyclette était en bon état au moment de sa remise entre les mains de l'employé des bagages;

» Attendu qu'il offre à ce sujet une preuve pertinente et admissible, qu'il échet, dès lors, de lui permettre de rapporter;

» Par ces motifs,

» Déclare que la Compagnie d'Orléans a valablement formulé une réserve de non garantie dans le bulletin de bagages remis au demandeur en échange de sa bicyclette, en gare de Figeac, le 25 juin dernier;

» Que cette clause a eu pour effet de décharger la défenderesse de sa responsabilité spéciale de voiturier;

» Que c'est, en conséquence, au demandeur à établir à la charge de la Compagnie une faute, cause génératrice du préjudice dont il se plaint;

» Autorise le sieur L..., conformément à l'articulation qu'il a faite, à rapporter à l'audience du 5 novembre prochain la preuve des faits suivants :

» 1° L'état actuel de la machine est tel, que s'il avait existé au moment de la remise aux mains de la Compagnie, il eût été impossible, soit au demandeur, soit aux employés, de s'en apercevoir;

» 2° Il a fallu un choc d'une très grande violence, et ce dernier n'a pas été au contraire la conséquence forcée du transport;

» 3° Ce choc a dû se produire par suite de la chute sur la bicyclette d'un colis d'un poids très lourd, dans tous les cas par suite d'un accident analogue;

» 4° Les frais que nécessitera la réparation s'élèveront au minimum à 60 francs. »

148. — Il a été jugé encore que les clauses de non-garantie stipulées par les Compagnies de chemins de fer doivent, pour être valables, être insérées dans les tarifs dûment homologués. Les Compagnies ne peuvent, hors des cas prévus par leurs tarifs, exiger des expéditeurs une décharge de garantie à raison des avaries que pourront éprouver les objets expédiés. Spécialement, la mention « sans garantie » écrite à la main, au départ, par la Compagnie expéditrice, sur le bulletin de bagages remis au voyageur qui a déposé aux bagages une bicyclette non emballée, n'a pas pour effet de décharger la Compagnie de la garantie prise par elle pour défaut d'emballage. Cette mention ne saurait non plus renverser, au profit de la Compagnie, l'ordre légal des présomptions établies par l'art. 103 C. com. et mettre à la charge du voyageur la preuve que l'avarie dont il se plaint est due à une faute du transporteur. (1)

149. — La même solution a été admise dans l'espèce suivante : Un sieur M... demandait à la Compagnie de l'Ouest une somme de 75 francs à titre de dommages-intérêts :

« Considérant que, le 16 juillet 1895, M... a fait enregistrer comme bagage à la gare Saint-Lazare à Paris, pour Broglie, au train de 6 h. 30 m. du soir, une valise et une

(1) Trib. com. Nantes, 7 juillet 1894, *Jurisp. Nantes*, 94, 1, 394.

bicyclette ; que, le train dont s'agit n'ayant pas de correspondance pour Broglie le soir, M..., à son arrivée à la gare de Bernay, a demandé sa bicyclette pour continuer son voyage jusqu'à Broglie ; qu'à ce moment il a été reconnu que la roue arrière de la bicyclette était faussée et ne pouvait servir sans réparation ;

» Considérant que la Compagnie de l'Ouest soutient, il est vrai,... avoir remis à M... un bulletin de bagage sur lequel se trouvaient les mots « sans garantie », ce qui, suivant elle, l'exempterait de toute responsabilité ;... que la mention de non-garantie mise au crayon sur le bulletin du voyageur ne peut exonérer la Compagnie des avaries survenues pendant le trajet et atténuer la faute commise par elle ;

» Considérant que, dans l'espèce, il est établi et reconnu par la Compagnie de l'Ouest que l'avarie arrivée à la bicyclette de M... est survenue en cours de transport de Paris à Bernay et consiste en une roue faussée ; qu'une telle avarie ne peut être que le résultat d'une négligence et d'une faute des agents de la Compagnie ;

» Considérant qu'en outre des réparations faites à sa bicyclette, M... a encore eu des frais dont il est juste que la Compagnie lui tienne compte ;

» Considérant à l'égard des dépens que toute partie qui succombe dans une instance doit en supporter les dépens ;

» Par ces motifs,

» Condamne la Compagnie des chemins de fer de l'Ouest à payer à M..., à titre de dommages-intérêts, une somme de 60 francs ;

» Condamne en outre la Compagnie de l'Ouest aux dépens. » (1)

150. — D'ailleurs toutes ces difficultés seront

(1) Trib. com. Bernay, 22 novembre 1895, précité.

aplanies le jour où les Compagnies voudront bien se conformer à l'invitation du ministre des travaux publics, prise à la date du 9 décembre 1896, sur avis conforme du comité consultatif des chemins de fer, tendant à leur faire supprimer la mention « sans garantie pour défaut d'emballage » qu'elles apposent sur leurs bulletins d'enregistrement.

CHAPITRE V

Protection du commerce vélocipédique.

151. — Le commerce et l'industrie du vélocipède sont protégés comme toutes les autres branches du commerce et de l'industrie.

On doit, notamment, appliquer ici toutes les règles relatives à la *concurrence déloyale* (1). Une intéressante application de ces règles a été faite dernièrement par le Tribunal de commerce de Gand (2). Par circulaire illustrée, répandue dans la Flandre, au nombre de 10.000 exemplaires, des négociants en bicyclettes établis à Gand, avaient violemment dénigré la marque Acatène, dont le brevet est la propriété de la Société Acatène Métropole; d'où, action en dommages et intérêts et demande d'insertion du jugement formulée par la Société.

Le Tribunal, devant lequel la validité du dépôt de la marque Acatène avait été soulevée par le défendeur, a débouté celui-ci de sa demande à ce sujet, et l'a condamné du fait de concurrence déloyale par dénigrement, à l'aide de prospectus: 1° A payer à la société la Métropole, la somme de 2.000 francs; 2° à

---

(1) V. *Pand. franç.*, v° *Concurrence déloyale.*

(2) Trib. com. Gand, 19 janvier 1897, *Paris-Vélo* du 22 janvier 1897.

payer à son agent général en Belgique, 5.000 francs; 3° aux insertions du jugement à intervenir jusqu'à concurrence de 5.000 francs, et 4° aux frais du procès.

152. — Il faut en dire autant des *brevets d'invention* ainsi que des *dessins industriels*. Les brevets d'invention sont régis par la loi du 5 juillet 1844 : la loi assure aux inventeurs, moyennant l'accomplissement de certaines formalités au secrétariat de la préfecture de leur département, une protection qui dure de 5 à 15 années. Quant aux dessins industriels, la loi du 18 mars 1808 (art. 14 et suiv.) prescrit le dépôt des dessins aux archives des Conseils des prud'hommes.

Les inventeurs de nouvelles machines vélocipédiques ou d'instruments relatifs à notre sport et les propriétaires de dessins s'y rapportant doivent se conformer aux prescriptions des lois précitées. On ne saurait trop recommander aux inventeurs de se conformer à la loi de 1844 et de ne pas se contenter du dépôt prescrit par la loi de 1808, parce qu'ils risqueraient de ne pouvoir poursuivre les contrefaçons, ainsi que l'a démontré un procès récent.

Un industriel déposa en 1894 au Conseil des prud'hommes 2 modèles de cale-pieds pour bicyclette ; plus tard, un autre industriel fabriqua et mit en vente deux échantillons de cale-pieds également pour bicyclette, ayant une grande analogie avec les modèles précédemment déposés. Le premier industriel opéra aussitôt, en vertu d'une ordonnance du président du tribunal civil de la Seine, la saisie des échantillons du second industriel et assigna ensuite ce dernier devant le Tribunal de police correctionnelle pour contrefaçon, mais le Tribunal le débouta de sa demande (1) par les motifs suivants :

« Attendu, d'abord, que le modèle déposé le 30 mars 1894 et se composant d'une seule tige formant crochet et ayant pour but de retenir le pied sur la pédale n'a aucune ressemblance avec les échantillons saisis ;

» Attendu que le modèle déposé le 2 juillet 1894 se compose d'un crochet auquel on a ajouté deux barrettes transversales ayant forme de croix de Saint-André, destinées à emboîter le bout de la chaussure et à empêcher le pied de glisser à droite et à gauche ;

» Attendu que la disposition des cale-pieds saisis est la même, sauf que les appendices se terminent en forme de trèfle et que le but et le résultat sont les mêmes ;

» Mais, attendu que le défendeur prétend que cette disposition du cale-pieds n'étant que la modification de la forme extérieure et de l'ornementation du cale-pieds primitif, mais conduisant à l'obtention d'un résultat industriel nouveau, ne peut être protégé par le dépôt du modèle au Conseil des prud'hommes ; que, dans ce cas, le modèle devait faire l'objet d'un brevet d'invention dans les termes de la loi de 1844 ;

» Attendu qu'il est de jurisprudence que le dépôt fait au Conseil des prud'hommes, en vertu de la loi de 1806, ne peut protéger que la propriété de dessins de fabrique ou modèles combinés pour produire, soit par le relief, soit par la forme, soit de toute autre manière, un objet se rattachant plus ou moins directement à l'art, ou s'adressant au goût ou à la fantaisie du public ; mais que, du moment où il s'agit d'une invention prétendant à un résultat industriel nouveau,

(1) Trib. corr. Seine, 22 décembre 1896, *Gaz. des trib.* du 23 décembre 1896.

c'est à la loi des brevets que l'inventeur doit demander protection;

» Or, attendu qu'il suffit de voir le cale-pieds qui fait l'objet de l'instance actuelle pour se rendre compte qu'il ne présente pas seulement une forme ou une ornementation différentes des appareils de cette nature présentement en usage, mais un résultat industriel nouveau, appréciable, en ce qu'il assure la stabilité du pied, insuffisamment obtenue par le cale-pieds qui a fait l'objet du dépôt au Conseil des prud'hommes le 30 mars 1894 ;

» Qu'en conséquence, c'est à tort que F.. prétend avoir la propriété exclusive du modèle en question et demande la condamnation de G... comme contrefacteur ».

153. — Pour pouvoir être l'objet d'un droit exclusif, une invention doit être nouvelle. « Seront nuls et de nul effet, dit l'art. 30 de la loi de 1844, les brevets délivrés dans les cas suivants, savoir :... 1° si la découverte, invention, ou application n'est pas nouvelle... ». C'est ainsi que la compagnie française des pneumatiques Dunlop a vu, sur la demande de plusieurs fabricants de cycles à qui elle avait intenté une action en contrefaçon, fabricants au nombre desquels se trouvait la maison Peugeot frères, déclarer un des brevets sur lesquels elle basait sa propre demande nul pour défaut de nouveauté. La maison Dunlop, propriétaire de nombreux brevets de pneumatiques, prétendait avoir, grâce à une combinaison de ces brevets, une sorte de monopole de la fabrication des pneumatiques. Les fabricants poursuivis concluaient à la déchéance de ces divers brevets, pour différents motifs.

Voici les attendus de la décision du tribunal de la Seine (1) en ce qui concerne l'un de ces brevets, pris en 1888, que les défenseurs prétendaient, à bon droit, être la copie d'un brevet Thomson vieux de cinquante ans et destiné aux roues de voitures :

« Attendu que l'appareil Thomson, tel qu'il le décrit dans son mémoire et le représente par diverses figures, se compose : 1° d'un cordon creux élastique formé d'une substance imperméable comme le caoutchouc sulfurisé et la gutta-percha et dans lequel l'air est insufflé à haute pression ; 2° d'un étui en canevas renfermant et soulevant le cordon élastique ; 3° d'une forte enveloppe extérieure en cuir destinée à maintenir le cordon et son étui sur la jante ; 4° d'un tuyau traversant en un point la jante et le bandage de la roue et munie d'un bouchon à vis imperméable à l'air ;

» Attendu que ces éléments, malgré des formes plus massives et un agencement plus grossier, sont évidemment ceux que l'on retrouve dans le brevet Dunlop de 1888 ;

» Attendu que la demanderesse soutient que des procédés indiqués pour construire le cordon, il résulterait que celui-ci était en réalité formé par la toile elle-même, matière inextensible, dans l'intérieur de laquelle les feuilles de caoutchouc étaient simplement disposées en plis flottants ; ce qui constituerait une différence essentielle entre les deux systèmes et laisserait à Dunlop dont elle est le concessionnaire, le bénéfice de la découverte de la chambre à air ;

» Qu'en tous cas, de l'obscurité de la description sur ce point, naitrait un doute qui doit juridiquement profiter au brevet postérieur ;

» Que, d'autre part, on ne saurait assimiler l'enveloppe de cuir dépourvue d'élasticité, au revêtement extérieur en

(1) 6 mai 1897, *La Loi* des 16 et 17 mai 1897.

caoutchouc, plus propre au rebondissement et offrant une plus large surface roulante ;

» Mais attendu qu'il ressort de la description sus-relatée, que le cordon élastique creux ne peut s'entendre, quel que soit son mode de construction, que d'un tube fermé et que cette interprétation est encore corroborée par la mention de l'insufflation à haute pression de l'air, opération que des feuilles non soudées de caoutchouc, dans un étui en toile perméable ne pouvaient comporter ;

» Attendu qu'il n'y a pas à s'arrêter davantage à la différence existant entre le cuir et le caoutchouc, les deux matières offrant la résistance capable de protéger la chambre à air contre les accidents et contre l'usure ;

» Attendu au surplus que le caoutchouc vulcanisé, qui était peu connu en 1846, n'a pas tardé à être substitué au cuir dans le même emploi, ainsi qu'il résulte des articles publiés en 1849 dans le *Mechanic Magasine*, exposant les nouvelles expériences de Thomson, et qu'en conséquence aucune innovation ne pourra être revendiquée de ce chef au profit du brevet Dunlop.

» Attendu, il est vrai, que la demanderesse persiste à y rattacher une explication nouvelle en ce sens qu'avant 1888, la garniture pneumatique n'aurait pas été utilisée dans la fabrication des vélocipèdes ;

» Mais attendu que, s'agissant dans ce brevet Thomson, d'un appareil approprié aux roues de tous véhicules, même des véhicules légers, son adaptation aux vélocipèdes tend au même but, répond à la même fonction et ne constitue par suite qu'un emploi nouveau auquel la loi refuse le bénéfice de la brevetabilité.

» Attendu qu'il résulte de ce qui précède que, du chef du brevet Dunlop, la compagnie demanderesse doit succomber au regard de tous les défendeurs et que, dès à présent, son action est dépourvue de tout fondement vis-à-vis de Decourdemanche et de la Société des Constructions Vélocipédiques auxquels elle reprochait exclusivement, dans le dernier état du débat, d'avoir contrefait la garniture pneumatique ;

» Attendu que, pour les mêmes motifs, la demande formée contre la Compagnie française des pneumatiques Dunlop, par les fils de Peugeot frères, Dalifol, la Société La Force, Vauzelle et Morel est bien fondée, en ce qu'elle tend à faire prononcer la nullité du brevet Dunlop pour défaut de nouveauté.

154. — On peut constater en passant que ce jugement consacre d'une façon implicite deux principes absolument certains en matière de brevets d'invention (1), le premier, que le breveté n'a pas à établir la nouveauté de son invention : c'est à ceux qui prétendent le brevet nul de rechercher les antériorités qui lui sont opposables et prouver leur date ainsi que leur identité avec l'objet du brevet ; le second, qu'en cas de doute on doit interpréter le brevet en faveur du breveté.

155. — L'art. 32 de la loi du 5 juillet 1844 proclame la déchéance du breveté qui n'a pas exploité son invention en France, dans le délai de 2 ans, à dater du jour de la délivrance du brevet ou qui aura cessé de l'exploiter pendant deux années consécutives, s'il ne justifie pas des causes de son inaction. Ce texte a été appliqué par le tribunal civil de la Seine (2) à un brevet pris « pour nouvelle combinaison pour le bandage élastique et frein pour roues

---

(1) *Pand. franç.*, V° *Propriété littéraire, artistique et industrielle*, n° 4276 et 4277.

(2) Jugement du 6 mai 1897, précité.

de vélocipèdes et autres », brevet qui, n'ayant jamais été fabriqué en France « a été simplement offert par des prospectus au public qui l'a dédaigné. »

Voici en quels termes le même jugement a déclaré nul un autre brevet, pour le même motif :

« Attendu que dans l'hypothèse où le brevet Robertson eût été valable, les défendeurs seraient en droit de se prévaloir du défaut d'exploitation commerciale ;

» Qu'à la vérité, cette preuve négative leur incombe en tant que demandeurs en déchéance, mais qu'ils la font dans la mesure où ils peuvent l'établir par les éléments qu'ils apportent au débat, et notamment en démontrant qu'il n'en a pas même été fait mention dans les prospectus et annonces de la Compagnie demanderesse ;

» Attendu que cette dernière n'a de son côté, nullement fourni la preuve contraire qu'elle a tentée ;

» Que le seul modèle présenté au Tribunal comme ayant figuré dans la course de Paris à Brest du 6 septembre 1891, n'offre aucun signe d'authenticité conforme au règlement qui a présidé à ladite course et présente au contraire, sur le bandage, la marque de Manchester comme origine de fabrication ;

» Que, d'autre part, les livres et factures, à l'exception de trois bandages désignés par les initiales P. B. (Paris-Brest) ne portent trace que de la commande de trente-six jantes, qui par le dessin reproduisent bien le type décrit et figuré au brevet, mais ne sont pas un des éléments caractéristiques de la garniture Robertson ;

» Attendu que l'on ne saurait considérer comme sérieuse et effective l'exploitation ainsi réduite à la construction de quelques spécimens qui n'ont point eu un cours commercial ;

156. — La contrefaçon est un délit consistant à porter atteinte aux droits du breveté, soit par la fabrication des produits, soit par l'emploi des moyens faisant l'objet de son brevet, et il est puni d'une amende de 100 à 2.000 francs (art. 40, loi du 5 juillet 1844). Les objets contrefaits peuvent, en outre être saisis (art. 47), et le contrefacteur condamné à des dommages et intérêts.

Parmi les décisions qui sont intervenues en matière de contrefaçon, nous croyons utile de donner in-extenso, le jugement et l'arrêt qui ont statué tout dernièrement, relativement à des modèles inventés pour fixer les poignées sur les guidons des bicyclettes (1) :

« Attendu que, dit le jugement, le 24 août 1895, le sieur Mercier a pris un brevet d'invention pour « un mode de fixer les poignées sur les guidons de vélocipèdes », permettant d'enlever à volonté les poignées pour les nettoyer, les remplacer ou pour toute autre cause, alors qu'antérieurement lesdites poignées étaient réunies au guidon à l'aide de colle et étaient, par conséquent, fixées à demeure :

» Attendu que l'appareil du sieur Mercier se compose d'un morceau de bois muni de plusieurs fentes longitudinales qui se place dans l'intérieur de la poignée et y est fixé, tout en laissant entre lui et la poignée un vide annulaire dans lequel pénètre le tube creux du guidon ; que ce dernier, une fois en place, est maintenu fortement contre les parois de la poignée par l'écartement du morceau de bois, écartement obtenu par l'introduction subséquente d'une vis qui, pénétrant dans toute la longueur du bois, force ce dernier à s'écarter et à exercer une pression circulaire sur les parois du guidon ; que, de même qu'il suffit de tourner une vis pour fixer les poignées sur le guidon, il

(1) Trib. corr. Seine, 31 mars 1896 et Paris, 11 février 1897.

suffit d'enlever cette vis pour que le bois, reprenant sa forme primitive, permette l'enlèvement immédiat et facile de la dite poignée ; que, dans le même brevet, le sieur Mercier se réserve le droit d'employer une rondelle de caoutchouc placée entre deux cylindres de bois qui, par leur rapprochement à l'aide d'une vis, provoquent le gonflement du caoutchouc et forcent ce dernier à exercer une pression circulaire contre les parois du guidon ; que, dans un certificat d'addition, en date du 16 octobre 1895, le sieur Mercier a modifié son appareil, en faisant dans le cylindre de bois un évidement conique dans lequel pénètre un tronc de cône en bois qui, ramené à l'aide d'une vis dans cet évidement, force le cylindre à s'écarter et à exercer une pression circulaire contre les parois du guidon ; que, dans les deux appareils, pendant la rotation de la vis, des pointes fixées à la base du cylindre de bois empêchent ce dernier de tourner en même temps que la vis ;

» Attendu que, le 7 janvier 1896, le sieur Mercier a fait saisir dans les magasins de MM. Dalifol et Cie un appareil qu'il prétend être la contrefaçon du sien, qui est breveté ;

» Attendu que Dalifol, pour repousser la demande de Mercier, oppose : 1° qu'il existait, avant le brevet de Mercier, des appareils analogues et basés sur le même principe ; 2° que l'appareil saisi dans leurs magasins diffère de celui dont Mercier revendique l'invention ; qu'en conséquence le brevet de Mercier est radicalement nul et qu'en tout état de cause, le délit de contrefaçon ne peut être relevé contre lui ;

» Sur le premier moyen :

» Attendu que le système employé avant les appareils Mercier pour la fixation des poignées sur les guidons ne saurait être retenu à titre d'antériorité ;

. . . .

» Que, d'ailleurs, les avantages du système Mercier sont manifestes : qu'il permet d'enlever et de remettre facilement les poignées, tandis qu'avec le système précédent, cette opération était, sinon impossible, du moins très difficile ; qu'il n'y a, par conséquent, pas lieu de retenir ce système à titre d'antériorité ;

» Attendu que les autres appareils auxquels Dalifol fait allusion présentent, il est vrai, une certaine analogie avec l'appareil Mercier, mais en diffèrent quant à l'application ;

. . . .

» Attendu que, si Mercier s'est vraisemblablement inspiré de ces principes connus, il en a fait une application nouvelle pour l'obtention d'un résultat industriel nouveau, ce qui est parfaitement licite ;

» Sur le deuxième moyen :

» Attendu que l'appareil saisi chez Dalifol est bien semblable à celui du sieur Mercier ; qu'il repose sur le même principe et en reproduit les principales dispositions ; qu'il importe peu que la forme des deux pièces de bois ait été changée ; que l'appareil Dalifol, composé de deux morceaux de bois, taillés en biseau, produit bien un résultat semblable à celui de l'appareil Mercier et par le même procédé ;

» Qu'en effet, le même écartement et, par conséquent, la même pression annulaire est produite par le rappel, au moyen d'une vis, d'une des pièces de bois contre l'autre ; qu'un même système de pointes, fixées à la base de la première pièce de bois, assure son immobilité pendant la rotation de la vis ; que le même but, c'est-à-dire la mobilité des poignées, est atteint par les deux appareils ; que, d'ailleurs, la mauvaise foi de Dalifol est certaine pour le Tribunal ;

» Qu'il résulte, en effet, des débats que des pourparlers ont eu lieu entre Mercier et Dalifol, le premier voulant faire acheter son invention par Dalifol, qui est fabricant de vélocipèdes ; que, peu de temps après ces pourparlers, Dalifol, qui connaissait parfaitement l'invention de Mercier, s'empressa de prendre un brevet pour un système absolument analogue ;

» Attendu que, de tout ce qui précède, il résulte que Dalifol a contrefait l'appareil décrit au brevet du sieur Mercier ; qu'il a ainsi commis le délit prévu et puni par l'article 40 de la loi du 8 juillet 1844 ; vu les articles 1er, 2, 40 et 49 de la loi précitée, dont lecture a été donnée par le Président ;

» Attendu en outre que, par suite des faits ci-dessus relatés, le sieur Mercier a éprouvé un préjudice dont il lui est dû réparation ; que le Tribunal possède les éléments nécessaires pour en fixer dès à présent l'importance ;

» Par ces motifs,

» Condamne Dalifol à deux cents francs d'amende ; le condamne, en outre, par toutes voies de droit et même par corps, à payer à Mercier une somme de mille francs à titre de dommages-intérêts ;

» Et à titre de supplément de dommages-intérêts, autorise Mercier à faire insérer le présent jugement, après toutefois qu'il sera passé en force de chose jugée, dans deux journaux à son choix, aux frais de Dalifol, sans toutefois que le coût des dites insertions puisse dépasser deux cents francs ;

» Prononce la confiscation de l'appareil contrefait ;

» Condamne enfin Dalifol aux dépens ;

» Fixe au minimum la durée de la contrainte par corps, s'il y a lieu de l'exercer, pour le recouvrement des amendes, dommages-intérêts et dépens. »

Sur appel, la Cour :

« Adoptant les motifs des premiers juges,

» Et considérant, en outre, que dans les conclusions développées en son nom devant la cour, l'appelant prétend que Mercier n'a pas fait une application nouvelle de moyens connus dans une industrie nouvelle, mais qu'il a tout au plus apporté dans une industrie spéciale l'emploi nouveau de moyens connus résultant de nombreuses patentes prises à l'étranger et notamment en Angleterre et en Allemagne ;

» Qu'il importe donc d'examiner les patentes étrangères

versées aux débats, savoir les patentes Antan Kombel et William Blakely.

» En ce qui concerne la patente anglaise Antan Kombel :

» Considérant que la fixation des poignées est opérée par le forcement du tube creux du guidon sur un cône conique formé dans l'âme même de la poignée ;

» En ce qui concerne la patente William Blakely, exploitée en Angleterre et en Allemagne :

» Considérant qu'elle a pour objet la revendication d'une poignée dans laquelle on adapte entre les extrémités, creusées en forme de cône, et la tige du guidon (dont le diamètre est plus étroit que le diamètre intérieur de la poignée) des manchons élastiques isolés par des bagues ou rondelles et s'appliquant contre les extrémités de la poignée ;

» Considérant que les moyens décrits en ces deux patentes diffèrent absolument de ceux employés par Mercier ;

» Qu'ils consistent, en effet, l'un dans l'enfoncement du tube du guidon sur un cône fixe faisant corps avec la poignée même, l'autre dans l'interposition entre la tige du guidon et la poignée rentrant l'une dans l'autre, de caoutchoucs formant une compression qui les maintient, tandis que dans l'invention revendiquée par Mercier la fixation de la poignée est obtenue par la pression annulaire que produit l'écartement à l'intérieur de la tige du guidon d'une pièce de bois traversée dans toute sa longueur par une vis rappelant un écrou fixé au centre ;

» Qu'il n'est pas exact de dire que Mercier a fait usage de moyens empruntés à des patentes étrangères ;

« Que si Mercier a pu puiser dans les brevets pris en France par Gallot pour un système de support métallique, et par Lehr pour la fabrication de bouchons extensibles, l'idée d'appliquer à la fixation des poignées les moyens décrits par ces inventeurs, il n'en a pas moins fait, lui-même, une invention brevetable ;

» Qu'en effet, en transportant dans une industrie spéciale, de création récente, un système qui n'avait pas encore été employé, il a fait, non point un emploi nouveau, mais une application nouvelle de moyens connus par lesquels il a obtenu un résultat industriel nouveau ;

» Que ce résultat consiste en un montage et un démontage rapide et sans frais qui permet de changer à volonté les poignées suivant les besoins ou le goût des cyclistes, de ne les fixer qu'au moment même de leur emploi, alors qu'antérieurement, calées ou fixées d'une manière définitive, elles ne pouvaient être remplacées sans entrainer des difficultés ou, en tout cas, des dépenses nouvelles ;

» Que ce résultat consiste encore dans la suppression des accidents qui étaient autrefois produits par le décollage imprévu des poignées en cours de route.

» Sur la publicité :

» Considérant que l'appelant ayant par ses conclusions écrites soulevé un débat nouveau devant la cour, il y a lieu, par une conséquence provoquée implicitement par l'appel lui-même, d'ordonner que les motifs et le dispositif du présent arrêt, lequel n'est que le complément de la décision frappée d'appel, seront insérés à la suite de celle-ci dans les insertions ordonnées à titre de supplément de dommages-intérêts ;

» Qu'il suffit, pour ne pas faire grief de ce chef au prévenu sur son seul appel, de n'augmenter ni le nombre, ni le coût des insertions fixées par le jugement.

» Par ces motifs :

» Sans s'arrêter aux conclusions de l'appelant qui sont rejetées comme mal fondées,

» Confirme le jugement dont est appel ;

» Dit que les insertions ordonnées par le jugement contiendront les motifs et le dispositif du présent arrêt, sans que le coût fixé pour ces insertions en soit augmenté à la charge de l'appelant ;

» Condamne Dalifol aux frais. »

CHAPITRE VI

De la compétence.

157. — Les débats relatifs à la responsabilité pénale ou civile des vélocipédistes seront toujours de la compétence soit des tribunaux répressifs, soit des tribunaux civils, quelle que soit, d'ailleurs, la profession du vélocipédiste.

158. — En revanche, les procès entre fabricants, marchands ou loueurs de vélocipèdes, relatifs à leur commerce, seront toujours, en vertu de l'art. 631 du Code de commerce, de la compétence des tribunaux de commerce.

Il en sera de même lorsque les parties en cause, sans être précisément des fabricants, marchands ou loueurs de cycles, sont des commerçants en matière vélocipédique. C'est ainsi qu'il a été décidé que le mécanicien qui construit un manège de vélocipèdes et le loue ensuite à un tiers pour l'exploiter, devant être, de même que ce tiers, considéré comme faisant acte de commerce, la contestation survenue entre eux au sujet de ce manège est de la compétence du tribunal de commerce. (1)

159. — De même encore, seront de la compétence des tribunaux de commerce toutes les contestations

---

(1) Nancy, 22 février 1896, *Rec. arr. Nancy*, 1896, p. 62.

au sujet de leur contrat survenues entre les fabricants et les coureurs qu'ils engagent, à appointements fixes, pour prendre part aux courses vélocipédiques, montés sur les machines de leur maison. En effet les coureurs ainsi engagés doivent être considérés comme les commis de ces fabricants (1) et, en vertu de l'art. 634, 1°, du Code de com., les tribunaux de commerce connaissent des actions contre les commis.

C'est ainsi que le tribunal de commerce de la Seine a pu décider que le vélocipédiste qui a été engagé comme coureur par un fabricant, avec cette condition qu'il ne courrait que sur des machines de ce fabricant, viole son engagement et en encourt la résiliation à sa charge, avec dommages-intérêts, s'il monte une machine d'une maison concurrente. (2)

160. — La question peut paraître plus délicate s'il s'agit d'un procès entre un cycliste et un marchand ou loueur de vélocipèdes. Ici, une distinction est nécessaire. Si c'est le vélocipédiste qui poursuit

(1) Trib. com. Seine, 8 novembre 1893, *Gaz. Pal.*, 94, 1, 103.

(2) Jugement précité. — De cette idée que le coureur engagé par un fabricant de vélocipèdes est le commis de celui-ci, on peut déduire de nombreuses conséquences. Nous n'en indiquerons qu'une seule : c'est que si le fabricant tombe en faillite, le coureur aura, en vertu de l'art. 549, C. com., un privilège pour la créance des appointements qui lui seront dus durant les six mois antérieurs à la déclaration de la faillite, s'il est engagé à appointements fixes ; ou pour la créance des commissions qui lui seront acquises dans les trois derniers mois précédant le jugement déclaratif, s'il est engagé sous toutes autres conditions.

le loueur ou marchand de vélocipèdes, soit à l'occasion d'un contrat, soit en responsabilité, comme il s'agit d'un acte commercial quant à l'une des parties seulement, le vélocipédiste a le choix de s'adresser au tribunal civil ou au tribunal de commerce. (V. sur la question, en général, Cass., 25 février 1867 ; Lyon-Caen et Renault, *Traité de droit commercial*, t. I, nos 355 et suiv.) Si, au contraire, c'est le vélocipédiste qui est poursuivi, la compétence appartiendra dans tous les cas aux tribunaux civils.

Il en sera ainsi des contestations survenues entre directeurs de vélodromes et les coureurs qu'ils ont engagés pour courir dans leurs établissements, parce que les directeurs seuls sont commerçants. Les coureurs ne le sont pas et ne peuvent pas davantage être considérés comme les commis des directeurs de vélodromes. (1)

161. — Toutefois un doute est possible, dans cette dernière hypothèse, pour le cas où le vélocipédiste est, par sa profession, un commerçant et se sert du vélocipède pour se rendre à ses affaires. Il y a, en effet, en droit commercial, une théorie appelée *de l'accessoire*, en vertu de laquelle on répute commerciaux tous actes passés par un commerçant en vue de son

---

(1) De la condition des coureurs engagés par les directeurs de vélodromes, vis-à-vis de ces directeurs, on doit tirer des conclusions toutes différentes de celles qui résultent de leur situation vis-à-vis des fabricants. Et notamment en cas de faillite d'un directeur de vélodrome, la créance du coureur ne sera pas garantie par le privilège spécial de l'art. 549, C. com.

négoce (1); dès lors, toutes les actions contre un commerçant sont de la compétence consulaire, si elles ont pour objet un acte qui est de nature commerciale, soit par lui-même, soit en vertu de la théorie de l'accessoire. On pourrait donc soutenir que dans l'espèce ci-dessus la compétence appartient exclusivement au tribunal de commerce. Toutefois nous croyons que c'est avec raison qu'on a décidé, en Belgique, où l'art. 2 du Code de commerce consacre formellement la théorie de l'accessoire, que l'action intentée contre un commerçant, s'adonnant à l'usage du vélocipède pour se rendre à ses affaires, et tendant au paiement du prix d'un vélocipède et de diverses autres fournitures de même nature est de la compétence du tribunal civil (2).

Le tribunal d'Anvers a décidé, justement que l'usage du vélocipède est principalement un sport; et que, si le commerçant en question s'en servait pour se rendre à ses travaux, on ne pouvait pas en conclure légitimement qu'il se livrait à cet exercice corporel dans l'intérêt de son commerce.

---

(1) Lyon-Caen et Renault, t. I, nos 171 et s.; Garsonnet, *Traité théorique et pratique de procédure*, t. I, p. 686.

(2) Trib. civ. Anvers, 7 décembre 1895, *La Loi*, 1897, p. 397; *Monit. jud. Lyon* du 21 mai 1896.

TABLE DES DÉCISIONS

			Nos
1808	13 septembre	Paris	103
1831	20 décembre	Cassation	63
1833	26 décembre	Rennes	97
1839	14 mai	Paris	103
1873	7 novembre	Caen	134
1886	9 mars	Cassation	126
1890	27 octobre	Trib. paix Illiers	99
1891	6 juillet	Trib. pol. Boulogne-sur-mer	26
—	7 août	Trib. pol. Froissy	125
1892	13 février	Trib. paix Peyruis	116
—	20 mai	Trib. le Vigan	123
—	25 août	Trib. pol. Alger	26
—	30 septembre	Trib. civ. Château-Thierry	25
—	30 novembre	Trib. paix Pontoise	98
1893	23 juin	Trib. paix Roye	127
—	2 novembre	Trib. paix Carvin	133
—	8 novembre	Trib. com. Seine	159
—	29 décembre	Trib. pol. Belvès	30
1894	6 février	Trib. paix Paris	69
—	1er juin	Cass. crim.	25
—	8 juin	Trib. paix Sceaux	47, 92
—	7 juillet	Trib. com. Nantes	148
—	11 juillet	Trib. civ. Lyon	118
—	21 août	Dijon	128
—	6 septembre	Cass. crim.	30
—	4 décembre	Trib. com. Dijon	143
—	26 décembre	Trib. com. Seine	128
1895	7 mars	Trib. com. Seine	128
—	31 mai	Trib. civ. Versailles	25, 117

1895	28 août	Trib. paix Sceaux	6
—	16 octobre	Trib. paix Heuchin	135
—	26 octobre	Trib. paix Libourne	101
—	30 octobre	Trib. paix Lonjumeau	141
—	30 octobre	Trib. corr. Vannes	129
—	2 novembre	Trib. paix Dijon	120
—	15 novembre	Trib. civ. Blaye	121
—	22 novembre	Trib. com. Bernay	143, 149
—	25 novembre	Trib. com. Bergerac	136, 146
—	26 novembre	Trib. paix Valence	141
—	7 décembre	Trib. civ. Anvers	161
1896	3 janvier	Trib. civ. Nancy	25, 108
—	14 février	Trib. civ. Versailles	25, 109
—	22 février	Nancy	158
—	13 mars	Cass. crim.	22
—	27 mars	Lyon	116
—	31 mars	Trib. corr. Seine	156
—	18 mai	Trib. corr. Seine	76
—	18 mai	Trib. paix Thoissez	27
—	18 juin	Trib. com. Seine	113
—	18 juin	Trib. corr. Grenoble	24, 51
—	24 juin	Trib. civ. Vesoul	128
—	6 juillet	Trib. civ. Seine	143
—	5 août	Trib. corr. Yvetot	28, 112
—	12 août	Trib. civ. Figeac	142, 147
—	15 septembre	Trib. corr. Seine	115
—	30 octobre	Trib. civ. Clermont-Ferrand	143
—	11 novembre	Trib. civ. Seine	89
—	17 novembre	Trib. civ. Seine	85
—	18 novembre	Trib. paix Bourg-sur-Gironde	121
—	25 novembre	Trib. civ. Seine	93
—	4 décembre	Nancy	50
—	14 décembre	Trib. corr. Seine	114
—	16 décembre	Trib. civ. Seine	96
—	22 décembre	Trib. corr. Seine	152
—	28 décembre	Trib. civ. Seine	62, 76

1897	19 janvier	Trib. com. Gand	151
—	14 janvier	Trib. civ. Pontarlier	141
—	21 janvier	Trib. corr. Seine	53
—	6 février	Trib. civ. Seine	116
—	9 février	Trib. corr. Seine	122
—	11 février	Paris	156
—	16 février	Paris	114
—	19 février	Cass. crim.	23
—	24 février	Trib. civ. Seine	90
—	25 février	Trib. Genève	143
—	26 mars	Trib. civ. Melun	112
—	31 mars	Lyon	114
—	6 mai	Trib. civ. Seine.	153

INDEX ALPHABÉTIQUE

(Les chiffres renvoient aux numéros de l'ouvrage).

A

Abandon sur la voie publique, 103, 119 et s.
Absence, 68.
Abus de fonctions, 94.
Accidents causés aux piétons, 50 et s.
Accidents causés par un incapable, 56 et s.
Accident causé volontairement, 115.
Acquit à caution, 39.
Agglomération, 19 et 111.
Allure modérée, 19 et 111.
Amende, 28, 51, 106, 125, 156.
Animaux, 123 et s.
Animaux en bande, 135.
Appareil avertisseur, 19, 22 et s.
Appartements meublés, 98.
Apprentis, 74, 75, 96.
Artisans (Responsabilité des), 74, 75.
Aubergiste, 97 et s.
Automobile, 114.
Autorisation maritale, 3, 58.
Autorisation paternelle, 2, 69.
Autorisation tacite, 5.
Autorisation du tuteur, 2.
Avaries en cours de route, 141.

B

Bacs, 31, 32, 137.
Bains, 98, 101.
Belgique, 43.
Brevets d'invention, 152 et s.

C

Cafetiers, 98.
Carte d'identité, 21.
Cas fortuit, 133, 136.
Cavaliers, 111.
Chemins de fer, 33, 138 et s.
Chiens, 123 et s.
Chien enragé, 132.
Chien excité, 130, 131, 134.
Circulation vélocipédique, 16 et suivants.
Clause de garantie, 90.
Clause de non garantie, 144 et s.
Clause de non responsabilité, 87.
Clous, 106.
Commerçant, 161.
Commettants, 74, 76, 78, 94, 95, 100.
Commis, 94, 159, 160.
Compagnies de chemins de fer (Responsabilité des), 138 et s.
Compétence, 28, 104, 157 et s.
Concurrence déloyale, 151.
Conseil judiciaire, 57.
Constructeur, 89, 90.
Construction étrangère, 34.
Contrefaçon, 156.
Cotuteur, 73.
Coureur, 2, 85, 159, 160.
Courses publiques, 19.

D

Débris de verre, 106.
Défense expresse, 70.
Dépense de ménage, 6.
Dépositaires, 97 et s.
Dépôt (Perte du), 92.
Dépôt (Détérioration du), 92.
Dépôt nécessaire, 140.
Dessins industriels, 152.
Directeur de vélodrome, 2, 160.
Discernement, 59, 66.
Divorce, 4.

Domestiques, 74, 76, 99.
Dommages-intérêts, 51, 92, 106, 156.
Douanes, 34 et s.
Droit de péage, 29, 30.

E

Elèves, 74, 75.
Emancipation, 65.
Emballage, 142, 143.
Emprisonnement, 28, 51, 115.
Enfant en bas âge, 67.
Enfant n'habitant pas chez ses parents, 62, 63.
Enfant légitime, 61.
Enfant naturel, 61.
Equipiers, 55.
Exposition publique, 93.

F

Fabricants, 158, 159.
Facture, 87.
Faible d'esprit, 57.
Faillite, 156, 157.
Faute commune, 52, 54, 116, 117.
Faute lourde, 89.
Faute unilatérale, 53.
Femme mariée, 3 et s, 58.
Femme mariée (Achat), 5, 6.
Femme mariée (Dommages causés par la), 77 et s.
Femme préposée du mari, 78.
Flagrant délit, 106.
Force majeure, 102, 133, 136.
Fourche (Rupture de la), 85.

G-H

Gage, 92.
Garantie, 84, 91 et s.
Grelot, 22.
Hôtelier, 97 et s.

I

Identité, 20.
Imprudence, 90, 93, 103, 110, 116, 133.
Imprudence (Défaut d'), 112.
Incapable, 56.
Insensé, 64.
Instituteurs, 74, 75.
Inventeurs, 152.
Italie, 45.

L

Laissez-passer, 44, 45.
Lanterne, 19, 26.
Légitime défense, 123.
Louage, 47.
Loueur, 47, 91, 92, 158, 160.
Loueur (Faute du), 69, 70.

M-N

Machine louée, 47.
Machine multiple, 33, 55.
Machine prêtée, 48.
Machine simple, 33.
Malveillance, 106.
Maîtres (Responsabilité des), 74, 76.
Manège vélocipédique, 158.
Marchands, 158 et s.
Marchands (Responsabilité des), 81 et s.
Marche en cortège, 19.
Marche en groupe, 19.
Mari, 3 et s.
Mari (Responsabilité du), 77 et suivants.
Mauvais vouloir, 113.
Mère, 67.
Mineur, 2.
Mineur (Accidents causés par le), 61 et s.
Mineur (Responsabilité), 59, 72.
Mineur émancipé, 65.
Mineur de moins de 16 ans, 59.
Mineur de plus de 16 ans, 59.
Mineur en tutelle, 73.
Motocycles, 36.
Nettoyage, 94.

O-P

Obligations, 7 et s.
Parents, 2, 61 et s.
Passant (Imprudence du), 52.
Passants sur la voie publique, 105 et s.

Père absent, 67.
Père déchu de la puissance paternelle, 67.
Père interdit, 67.
Perte, 139.
Ponts à péage, 29, 30.
Précepteur, 63.
Préposés, 74, 76, 78, 94, 99.
Prêt, 47.
Privilège, 159.
Prodigue, 57.
Propriétaire d'animaux, 125 et s.
Prospectus, 84, 87.

R

Remise à neuf, 89.
Rencontre de vélocipèdes, 53.
Réparation, 94.
Représentants légaux, 60 et s.
Responsabilité, 46 et s., 60 et s.
Responsabilité atténuée, 52, 68.
Responsabilité civile, 51.
Responsabilité des commettants, 74, 76, 94, 95, 100.
Responsabilité des dépositaires, 97 et suiv.
Responsabilité du loueur, 91, 92.
Responsabilité des parents, 71.
Responsabilité du patron, 76.
Responsabilité pénale, 51, 115, 129.
Responsabilité des représentants légaux, 60 et s.
Responsabilité des tiers, 80 et s.
Responsabilité du transporteur, 136 et suiv.
Responsabilité vis-à-vis des commis, 95, 96.
Responsabilité du voiturier, 108 et suivants.
Retard dans la livraison, 141.

S-T

Salle des dépêches, 93.
Séparation de corps, 4, 67.
Sociétés vélocipédiques, 33, 41, 43 et s., 85.
Solidarité, 55.
Suisse, 44.
Tandem, 51.
Taxe, 9 et s.
Tiers, 80 et suivants.
Transport, 136 et s.
Transports (Tarif des), 33.
Tribunal civil, 154, 157.
Tribunal de commerce, 158, 159.
Tribunal répressif, 157.
Tricycles, 21.
Tricycle-charrette, 27.
Troupeau, 135.
Tube de direction, 89, 90.
Tuteur, 2, 73.

U-V

Usage abusif, 84, 85.
Vagabondage, 63.
Valeur (Preuve de la), 139.
Vélocipèdes étrangers, 34, 37, 39.
Vélocipèdes à moteur, 36.
Vélocipèdes à pétrole, 36.
Vente, 82, 84.
Vices apparents, 86.
Vices cachés, 84, 87 et s., 91.
Vice de construction, 89.
Vice de fabrication, 85, 88, 89.
Vice propre de la chose, 136, 143.
Vitesse, 19, 84.
Voitures, 107 et s.
Voiture (Assimilation aux), 25, 26, 108, 109.
Voiturier (Absence de faute), 118.
Voituriers (Obligations des), 111.
Vol, 122.
Vol à force armée, 102.

La Rochelle, Imprimerie Nouvelle Noël Texier.

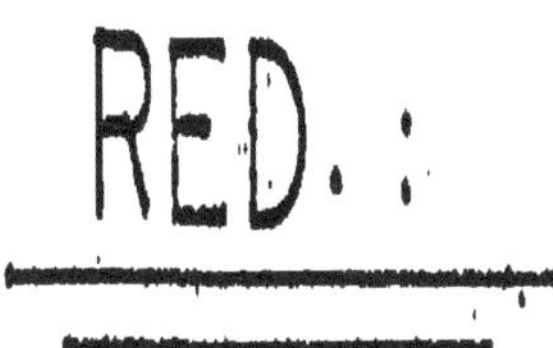
RED. :

16

0 1 2 3 4 5 6 7 8 9 10

www.ingramcontent.com/pod-product-compliance
Ingram Content Group UK Ltd.
Pitfield, Milton Keynes, MK11 3LW, UK
UKHW022110260726
13993UKWH00001B/423

9 782329 306056